世界一、人生を楽しそうに
生きている人たちの流儀

イタリア流。

Kumiko Nakayama
中山久美子

大和出版

はじめに

「陽気で楽しそう！」の根底にあるもの

歴史ある街並みや数々の芸術、そしてライフスタイルへの憧れなど、全世界から人気があるイタリア。

アモーレの国、食が豊かな国、陽気でとても楽しそうな国……そんなイメージを持つ方も多いと思います。では実際に暮らしてみると、本当にそうなのでしょうか？

かく言う私も、以前はそんなイメージを持っていた一人。

歴史好きであることからイタリアに興味を持ち、大学の卒業旅行で訪れた時に一気にその魅力に引き込まれました。美しい街並み、とびきり美味しい食べ物、何よりも面白い人々。「一度でいいから、イタリアで暮らしてみたい！」とまで思うようになったのです。

しかし当然ながら、リアルなイタリア生活は、旅行とはまったく別のものです。

電車は時間通りに来ない。空気を読まず、言いたいことを言うストレートな会話。

決められた時間も単なる目安。客にも患者にもフランクな対応などなど、例を挙げるときりがありません。

日本での常識が見事に覆され、最初の数年は驚きと、とまどいの連続でした。そんな私をよそにイタリア人は当然ながらマイペース。

いったいどうして、こんな風にいられるんだろう？と、日々翻弄されていたある日のこと、私は、彼らがよく使うフレーズに気づきました。それは、

「Vediamo（見てみよう）」と「Lascia perdere（忘れてしまえ）」

というもの。

前者は何かを決めきれない時にお茶を濁したり、何かがうまくいかない時に、これから何があるかわからないよ、と先に希望を持たせるようにするために使われます。

最初は「なんで今決められないの」「今なんとかしたいのに」とイライラすることもありましたが、結局は丸く収まることがほとんど。

ですからこのフレーズを聞くと、**せっかちにならなくてもなんとかなるか、うまくいくかも、と思わせてくれます。**

KUL
TACK

後者は嫌なことがあった時、どうしようもない時に使います。これを言ったり言われたりすると、それで**モヤモヤした感情がどっかに吹っ飛んだ気にも……。**

今では私も頻繁に使うこれらのフレーズは、**いろいろなことがあってもなんとかうまく回るようになっている、イタリアン・マインドを象徴している**ように感じています。

さて、この本は、そういったイタリアン・マインドを踏まえながら、イタリアの日常や食生活、その中で気づいたイタリア人の愛情の深さや大事にしているもの、実際に身の回りにいる面白い人物などを紹介したものです。

日本の方からは、「それ、ネタでしょ？」「盛ってるでしょ？」と疑われそうなエピソードも多々ありますが、そんな経験を通して身に着けざるを得なかったイタリア社会でうまく生き抜く術、心が楽になる考え方や気の持ち方も綴りました。

ところで、イタリア人というと、「陽気で適当で楽しそう」と思われる方も多いことでしょう。

www.caffepiansa.com

でもそこには実は、

- 自分にも他人にも寛容であり、キチキチしない〝ゆとり〟の精神
- 大事なものにかける愛情と、そうでないものへの割り切り
- 遠い先の心配よりも、その時々で行動する物腰の柔らかさ
- ありのままでいられる家族や友人を大切にする心

こういった〝流儀〟がイタリア人の根底に流れている――。

移住から二〇年以上の暮らしの中で、だんだんとそう思うようになりました。

それらがひいては、味があって憎めないユニークな人や、うまくいかなくても上手に流してしまう人、心がほっこり温かくなる人たちや、なんだかんだあっても飽きない楽しい毎日につながっているのではないかと感じています。

日本とイタリアは地理も歴史も違いますし、習慣や国民性も違います。

ここに記したことも、私の個人的な経験と個人的に感じていることにすぎません。

また、統一されてからまだ歴史の浅いこの国では、地方によって異なることも往々にしてあります。

さらには、私がイタリアに来てからの二十数年でイタリアも変わったように、日本も私がいた頃とは変化しているでしょう。今の私が知る日本は、数年に一回の帰省や家族や友人とのやり取り、ＳＮＳなどから入ってくる情報だけです。

しかし今も、昔の私のように仕事のストレスと毎日向き合っていたり、他者からの評価に精神を削られたり、人間関係がうまくいかずに気が沈みがちな方がいるのなら、少なくとも**「楽しそうに見える」イタリア人から何かヒントを得られる**かもしれません。

この本を読んで、イタリアで暮らしてみたいと思うか、絶対に行きたくないと思うかは人それぞれ。それでもぷっと笑いがふき出たり、共感したり、ほっこりしたり、**「イタリアって面白いな」と思ったり。**

イタリアン・マインドを通してあなたの毎日が、心軽やかにワクワクするものに変化したらとても嬉しく思います。

中山久美子

イタリア流。目次

第1章

Vita quotidiana

イタリア人の日常

飽きない毎日がそこにある

第2章

Cultura alimentare

イタリア人の食生活

適当とこだわりの両極から生まれる美味しさ

第3章

Sentimento sociale

イタリア人が愛するもの

大事なものへの果てなき愛情

第4章

Personaggi fantastici

イタリアの愉快な面々

味があって憎めないユニークな人々

第5章

イタリアでやっていくための処世術

Arte di arrangiarsi

うまくいかなくても笑いに変えるスピリット

第6章

イタリアで見つけた気負わない生き方

Non prendersela troppo

どうせなら人生は楽しんだもの勝ち

本文デザイン／上坊菜々子
DTP／美創
写真／中山久美子

Vita quotidiana

第1章

イタリア人の日常

飽きない毎日がそこにある

1

意外と朝は早いイタリア人

イタリア人はスローでルーズ、そんなイメージを持っていませんか？

それは決して間違いではないのですが、意外や意外？　イタリアでは朝が早い人が多いのです。

私が住むフィレンツェ郊外の路線では、朝六時台の電車から通勤通学の人でほぼ満席。途中乗車の同僚のために席を確保する人もいるほどです。そして同僚が集まれば、朝からおしゃべりに花が咲くのも定番の光景です。

スマホ組も増えましたが、車内がシーンと静まり返ることはほとんどありません。

大都市を除きコンビニエンスストアは存在しませんが、スーパーは早いところで朝七時から、夜の九時頃まで開いているので困ることはありません。

さらに早いのはメルカート（市）。屋内の常設市から屋外に出る曜日ごとの市まで、いずれも七時頃から一四時くらいまで営業しています。


野菜や肉などの生鮮食品はもちろん、家庭雑貨や下着までよりどりみどり。朝早く

から大賑わいです。

学校開始は八時前後と、日本とほとんど同じ。

会社の始業も八時が多く、フルタイムで働くマンマがいる家庭は、幼稚園や小学校では早朝学童や放課後学童を利用している人もいます。後述するように、おじいちゃんおばあちゃんに頼める人も少なくありません。

うちの夫はフレックス勤務で七時半には出社し、なんと一五時半に退社。

フィレンツェに住んでいる時はそこから一日の後半が始まるような感じで、ドゥオモの前で待ち合わせして旧市街でデートしたり、大型スーパーに買い出しに行ったりと、時間を有効活用していました。

郊外の田舎に住んでいる今は、夫の帰宅は一七時。

息子たちのクラブ活動の送り迎えや、帰宅前にスポーツジムへ行ったりしています。

次男の高校は勤務先と近いので、外出許可をとって保護者面談に行ったりも！

今は変わったのかもしれませんが、私が日本で働いている頃は、毎日残業でアフター5は夢物語。仕事だけの毎日は嫌だと趣味で通い始めたイタリア語教室は、残業を見越して二〇時からの最終レッスンを選んだものの、結局、行くことができたのは半分くらい……なんと儚《はかな》かったことでしょう。

いっぽう、勤務先や役職にもよりますが、イタリアではサービス残業はありません。残業代を支払うか残業時間を積み立てて有給休暇になるために、経営側も残業はしてはほしくないのです。残った仕事は翌日へ持ち越し、たとえ仕事が忙しかったとしても、有給休暇もすべて消化させられます。

朝が早いぶん仕事後も充実していて、夕食が二〇時開始と遅いこともあり、家族が全員揃わない夕食はまずありません。

アペリティーヴォ（食事前の軽い飲み）だ、ピッツェリア（ピザ専門店）だと外食によく出かける人たちも。

毎日元気はつらつで、そしてなんと楽しんでいるんだろうと、移住したての頃は仕事帰りはクタクタな日本とのギャップに驚いたものでした。

2

イタリア人はなぜこれほどまでにアイロンをかけるのか？

炊事、洗濯、掃除……。皆さんの嫌いな家事はなんですか？

イタリアで家庭を持って早二〇年以上、私が嫌いな家事はアイロンがけです。アイロンなんてシャツくらい、と日本の方は思うでしょうが、イタリアは違います。**洗ったもの、ぜーんぶにアイロンをかけるのです。**

私が夫と同棲し始めた時、イタリアでは珍しく一人暮らし歴の長い彼は家事ができる人だったのですが、驚いたのがアイロンがけ。

シャツはもちろん、Tシャツにも、ジーンズにも、パンツにも、靴下にも、さらにふきんにも。姑はさらにタオルやシーツにまで……。

タオルやシーツはかけなくとも、私と結婚して服にアイロンがかからなくなるのはなんだか悪いし、郷に入れば郷に従え、と夫の衣類にはすべてアイロンをかけていました。でも納得いかーん！、と、まずはすべてアイロンをかける理由を夫に聞いてみました。

「う～ん、前からしてるから？」それだけ？

「アイロンかかってると、気持ちもシャキッとするよね」とも。ゆえに夫の分はかけ続けましたが、私や息子たちの服やふきんなどに関しては、今まで以上に干し方に気をつけて、アイロンがけを一切やめました。

というのも、気づいてしまったんです。イタリア人がアイロンをかけまくる理由を。

イタリア人は、干し方が下手！ そりゃあシワになるよね、という干し方なんです。日本との違いは干し竿でなく干し紐。それなのに**ハンガーは使わず、干し紐に服を折りたたみ、洗濯ばさみをバッチン。当然、紐と洗濯ばさみの跡がついてしまいます。**

ある日、友人が「あ〜今日もアイロンがけが山盛りで嫌になるわ」と嘆くので、干し方を覚えればかけなくていいよ、私の着てるTシャツもジーンズもかけてないし、電気代も節約になるので一石二鳥だよ、と教えてあげました。「ノーアイロンに見えない！　どうやって干してるの！」、と聞くので、私の干し方を伝授すると、「うわ〜それは日本人的だわ、私には無理！」、と元も子もない返答……。

同じことを聞かれて干し方を伝授してあげた姑も、いまだにアイロンがけに励んでいるようです。

3

田舎暮らしはお宝がいっぱい

「同じお金を払うなら庭付きの家がいいな」

こうして二〇〇五年、フィレンツェの小さなアパートから、今も暮らす村へ移住しました。田舎暮らし初心者の私たちでしたが、少しずつその「お宝」にあやかるようになりました。

窓を開けると一面の緑。聞こえるのは鳥のさえずり。花は買うものでなく野で摘むもの。息子たちが夏に遊ぶのは川。庭のハーブや果樹で調味料やジャム作り。

田舎でも都会でも、何を宝物に思うかはその人の見方しだい。流行りの場所に行ったり買物に興じたりしなくても、身近にある「小さ幸せ」に心を向けてみる。お金をかけることが贅沢ではなく、逆にお金をかけなくても何かを作ったり、楽しめたり、愛でることができる。今ではこんなふうに感じられるようになりました。

それと引き換えに田舎ならではの不便さもあります。それも慣れればなんのその。イタリアには、特に田舎には、利便さやコスパには代えられない。宝物がいっぱいです。

4

お金を使わない娯楽〜おしゃべりとパッセッジャータ

いったい、いつになったら解散するのだろう……？

移住して数か月後、夫の友人たちとピッツェリアで夕飯をすませた後のことです。集合時間になってもメンバーはそろわないので、店の前でひとしきりおしゃべり。入店後も食べながらずっとしゃべっていたのにもかかわらず、店を出てからもすぐに解散にはなりません。

喫煙者に付き合ったり、なんだかんだでいつまでもしゃべり続けます。イタリアでは老若男女問わず、だいたいおしゃべりなので、まさにエンドレス！休みにお出かけしなくとも、家族や友人と食卓を囲む時、バールで軽く飲み食いする時、なんなら広場で立ったまま。**おしゃべりだけで時間が過ぎていきます。**

おしゃべり好きというよりも、それは彼らに生まれつき備わったデフォルトのようなものなのでしょう。それをフル稼働させるのが、また人のおしゃべりを聞くことが、どんな娯楽よりも楽しいのかもしれません。

それがたとえ同じ話の繰り返しだったとしてもです。

イタリア人が愛するもう一つの「娯楽」はパッセッジャータ（散歩）。

所用では短い距離でも車に乗るイタリア人ですが、一緒に歩く仲間や美しい景色があるのなら、歩いていくらでも時間を過ごします。

最大のハイライトが夏のバカンスで、ビーチでは波打ち際を延々と歩いている人がたくさんいます。

ある程度まで行ったら折り返し、戻ったら逆方向にもう一度。それを数回したうえに、夕飯後はまた「パッセッジャータに行こう」。中心街のお店やビーチ沿いの屋台を冷やかしたり、ジェラートを食べたり、夜遅くまでブラブラと楽しみます。

移住当初、こんなバカンスの毎日はちょっとした拷問でした。

しかし慣れてくると、パッセッジャータも楽しいもの。今では少し時間ができると、田舎暮らしの日常でも取り入れています。亡き舅の定年後の楽しみは、おしゃれをして元同僚とフィレンツェ旧市街をパッセッジャータすることでした。

なぜパッセッジャータが楽しいのでしょうか？

歩くことそのものよりも、共に時間を過ごす人と話ができること、普段なら見逃しがちなものに美しさを見出せるからなのかもしれません。

5

「ショーペロ」は交通機関だけではありません

「ショーペロ」とは、ストライキのこと。

イタリア旅行雑誌やサイト、SNSの投稿では、交通機関のストへの注意喚起や体験談もよく掲載され、実際にまきこまれた方や戦々恐々の方もいるでしょう。しかもその頻度は月一レベル。しかし、ストは交通機関に限りません。

一番驚いたのは学校の先生のストライキ。明日はストで授業の保証はありません、そんな連絡がまことしやかに学校から送られてきます。用務員のストや給食センターのスト、さらに病院や美術館のストまであります。

もう形骸化している、中途半端に頻繁にやりすぎ、月金に多いのは連休にしたいから、という声もあります。

しかし、一度だけ本気のストライキを体験しました。ミラノ・ファッションウィークの二日前にストが決行され、完全にタクシーが止まったのです。初日の未明に合意し、仕事でタクシーを使う予定だった私も、なんとか事なきを得たのでした。いつもこれくらい徹底してやり切って、回数を減らしてくれたら良いのだけど……。

ミラノのドゥオモ

6

とにかく長すぎる夏休み

お子さんを持つご家庭では、「夏休みは長いわ〜」と嘆く方も少なくないのではないでしょうか？　とはいえ日本の夏休みは一か月ちょっと。イタリアに比べたら、まだまだ短いものです。

なんてったって、イタリアの夏休みは……なんと、三か月！　これを初めて日本の家族に言った時は、自分の耳を疑うように三秒ほど考えた後に「え、え、さ、三か月？」と聞き返されました。そりゃそうですよね。

イタリアの学校の年間スケジュールは州によって多少前後するものの、わがトスカーナでは九月半ばに新年度が始まります。

クリスマス数日前から一月六日の祝日までが冬休み、イースター前後に五日ほどの休みがあり、学校が終わるのは六月一〇日前後。それから翌年度が始まるまでの三か月強がずっと夏休みという訳。

息子たちがまだ小中学生だったコロナの前までは、イタリアの学校が終わったら日本へ帰省し、一か月ほど日本の学校に入れてもらっていました。

その話をイタリア人にすると、第一声は「学校が終わったばかりなのに、日本でもまた学校なんてちょっとかわいそう！」。しかし、「三か月も夏休みがあるから日本で学校に行ってもまだ二か月も休みがあるよ！」と言うと、一同「確かに……」。

じゃあイタリアの子たちは、特に両親とも仕事をしている家庭はどうしてるの？

多くの町では市や教区教会がサマースクールを開講し、昼食込みで九時～一七時まで面倒を見てくれます。プールやサッカーなどのクラブチームがサマーキャンプをすることもあります。しかしこれらのサマースクールやキャンプも長くて七月末まで。

サマースクールに参加していても参加していなくても、頼りになるのはやはりおじいちゃん・おばあちゃん。後の章でも触れますが、イタリアでは祖父母が孫の面倒をみるのは当たり前で、彼らがいないとやっていけません。

夏は海の別荘に移住するおじいちゃんたちがいる場合は孫もまとめて連れて行き、親は週末にそこに遊びに行く、というパターンも珍しくありません。

ちなみに夏休みがあまりにも長すぎて、幼い頃心配性だった次男は「習ったことを全部忘れた」と泣いたことも……。

しかしそれは他の子たちも同じで、新学期もゆる～く始まります。すべてがイタリアンペースなので。うまくできているのです。

7

イタリアのビーチはみんなのもの

イタリア人の長いバカンス。山や都市に行く人もいますが、圧倒的に多い行き先は海です。同章の「お金を使わない娯楽」でも触れたように、のんびり過ごすのが一般的です。

朝はゆっくり起きて朝食。食べ物を消化中は水に入るのは厳禁なので、まずはビーチベッドで読書やスマホを見て過ごしてから、散歩したり海に入ったり。海から出たらビーチベッドで体を乾かし、正午頃に宿に退散、あるいはビーチのカフェでアペリティーヴォ（食事前の軽い飲み）。

ランチの後は昼寝などでゆっくり休んで、夕方にビーチに戻り、午前中と同じことを繰り返す……。

若者はビーチバレーに興じたり、幼い子連れは砂遊びもしますが、同じようなスケジュールを繰り返すことは変わりません。当初は、私もかなり飽きていました。

しかし、のんびりと過ごすのに慣れて来た頃、イタリアのビーチの良さをしみじみ感じるようにもなりました。

イタリアのビーチを楽しむのは0歳から超お年寄りまでの老若男女。

イタリア人は海をこよなく愛し、また海水のミネラルやマイナスイオンが健康に良いとされているため、**新生児がいようが年をとっていようが、海でバカンスを過ごす人が多いのです。**

日本だとビーチは若い子や子連れ家族専用のようなイメージですが、イタリアのビーチはみんなもの！　近いパラソルに新生児がいる家族がいたり、波打ち際で初めての海を体験している赤ちゃんがいると、周りは幸せオーラに満ち溢れます。近くの人は嬉しそうに話しかけたり、あやしたり。

赤ちゃんが泣いても「うるさい」なんて怒る人は一人もいません。

お年寄りも同じこと。定年後のご夫婦だけになっても海バカンスは変わらず、手をつないで散歩してたり、一緒に海に入ったり……そんな様子はとても微笑ましく、将来あんな夫婦になりたいな、と思ってしまうこともしばしばです。

あるいは年老いた親を一緒に連れてきて、両手でサポートしながら一緒に海に入ったり、波打ち際まで車椅子を押し、海水をぴちゃぴちゃと足にかけてあげたりするご家族も。長い夏休みの孫を預かり、お忙しのおじいちゃんおばあちゃんもたくさんいます。

そしてとても感動したのは、ある夏に見た光景です。

波打ち際に座っていた私の視界に入ってきたのは、毎年一緒にバカンスに来ていそうな三組のカップル。年齢は七〇台前半くらい、うち一組の奥さんは車椅子の女性でした。皆でわいわいとしゃべりながら、男性三人がビーチ仕様に改造したような車椅子を押し、そのまま海へずんずんと入っていくのです。

その顛末を見届けたくて、私も一定の距離を置いて海に入りました。

男性三人は海中でも車椅子を支えていたのですが、ある程度の深さになると乗っていた女性は車椅子から身を投げ出し、ぷっかりと気持ち良さそうに大の字に浮かびました。

映画のようなそのシーンも印象に残っていますが、それを特に気をかける訳でもなく、かといって無関心でもなく、彼女のそばで談笑する仲間たちの姿、そして楽しそうに一緒に泳ぐ彼女の笑顔。そしてしばらくすると、女性はまた仲間の手助けで浮いていた車椅子に座り、男性たちは車椅子を担いでビーチに引き上げてゆく……そのあまりにも自然な感じが、余計に胸を打ちました。

誰もが同じように楽しめる、そんなビーチを眺めているだけでほっこりするのです。

8

やたらファンシーなホームウェア

日本人がイタリア人に持つイメージの一つが「おしゃれ」。確かに都会ではおしゃれな人もよく見ますし、一見普通でも着こなしやアイテムがおしゃれな人も少なくありません。しかし、外ではキメてる人たちも家に帰れば別の装い。そう、イタリア人のホームウェアはなぜかファンシー路線なのです。その最高峰は、やはりパジャマでしょう！

イタリアで初めてのクリスマス、当時の恋人・現夫の両親からのプレゼントがパジャマでした。素材とデザインが違う二着はどちらも花柄で、サテン生地は薄紫のバラ柄、厚めの生地は幼い頃に着ていたようなレトロな花柄でした。しかしそれらはまだマシなほうでした。パジャマ売り場を改めて見てみると、ツッコミどころが満載です。

なぜにそんなにファンシーなのか？
なぜにそんなにアニマルなのか？

よく使われるモチーフとしてはハート、リボン、水玉、そして動物柄も多く、リスやウサギ、パンダに猫、クリスマスシーズンになるとマストのトナカイ。クリスマスプレゼント特集のチラシなどには、そんなファンシーなお揃いのパジャマに身を包んだ仲睦まじい家族が必ず登場します。

二度目に姑からプレゼントされたパジャマは、ヒョウ柄のドでかいハートが胸にドーン！　同じヒョウ柄の小さなハートが散りばめられたものでした。

以前、私のSNS内でイタリア在住日本人の友人とこのネタで盛り上がったのですが、他にもびっくりするくらいファンシーテイストしかないのはエプロンとスリッパだよね、という意見で一致しました。

パジャマにしても、エプロンにしても、大方がファンシーですが、それ以外のものも若干あります。

しかし、それはファンシーと対局を成す超セクシー路線……。

ファンシーかセクシーの二択しかなく、中間のシンプルな無地、ボーダーなどはほとんどなし。　男性用を買うか、日本で調達するしかありません。

TEZENIS
Per tutta la
famiglia
MERRY
CHRISTMAS

9

やっぱり特別なカトリックの祝祭

イタリアはカトリック教の国。ヴァチカン市国と法王が存在するため、イタリア人は敬虔なカトリック教徒、というイメージを持たれがちです。

しかし実際は、敬虔な信者ばかりではありません。私の舅は必ずミサには参加し、私たちの結婚の際は「教会婚？　市役所婚？」と真っ先に聞いてきたほどの熱心な信者でした。しかし姑や夫はそうでもなく、ミサにもほとんど行きません。

それでも**カトリックの行事は、イタリア生活には欠かせないものです。**

結婚式に洗礼式、小学校からは教区教会で教理学習もスタート。一〇歳頃には聖体拝領式、一二歳頃には堅信式と、子どもたちはカトリック教徒になる歩みを進めていきます。

しかし宗教的な意味合い以上に、イタリア人が張り切るのは式の時の服装や食事会、カメラマンのこと。普段は地味な人が派手な衣装に身を包んでいたり、かなり前から「式後のレストラン決めた？」と盛り上がったり、とにかくすごい気合なのです。

年間行事で最も盛り上がるのは、やはりクリスマス。正式には一二月八日の無原罪御宿りの祝日（キリストの母マリアがその母アンナに宿った日）からクリスマスシーズンが始まりますが、近年のクリスマス商戦は一一月半ばに幕を開けます。

スーパーではクリスマス伝統菓子のパネットーネやパンドーロがこれでもかというほどに山積みされ、観光都市ではイルミネーションやクリスマスマーケットもスタート。何よりも、子どもだけでなく大人も全員もらえるプレゼントに頭を悩ませます。

準備されたプレゼントは、シーズン開始と同時に設置されたクリスマスツリーの下に置かれ、当日を待ちます。しかし、サンタの存在を信じる子どもがいる家庭では、ツリーの下に置くのはイブの晩に子どもたちが寝静まってから。

「サンタさんとトナカイさんのおやつね」とクッキーと牛乳、人参を用意し、子どもたちが起きてくる前にご丁寧にかじったりこぼしたりして痕跡を残しておきます。

サンタさん来たね、のオーバーな演技もお手の物！　朝起きたら家族そろってプレゼントを開け、もらったものを披露してはハグと頬にキスを交わします。

そして一家のマンマは盛大なクリスマスランチのため、前日または当日の朝からキッチンに立ちっぱなしで大忙し。この日だけ出てくる赤のテーブルウェアや一張羅の食器セットがセッティングされ、クリスマスランチの始まり始まり、です。

フルコースというだけでなく、どこのマンマも張り切るので量もとんでもなく、もう無理、もっと食べてよ、のせめぎ合いも毎年のこと。最初の数年は断れずに満腹で死にそうだった私も、断る術を身に着けざるを得ませんでした。

つまり**クリスマスは、日本の正月のように家族が揃って祝う祝祭。**大晦日は友人たちと年越しディナーやカウントダウンとお祭り気分で楽しむため、元旦はダラダラ過ごすのが一般的。そして二日からは仕事始めの人が多いです。


クリスマスシーズンの終了は一月六日の公現祭(東方三賢士が誕生したキリストを訪問した日)。クリスマスツリーをしまうと同時に、子どもたちにはベファーナと呼ばれる魔女が良い子にはお菓子を、悪い子には炭をもってくるという風習があり、ここでも靴下に入ったお菓子と炭に似せた砂糖菓子が、スーパーに並びます。

その他にも仮面コスプレのヴェネツィアに代表されるカーニバル、復活祭はコロンバに特大卵チョコと、カトリックの祝祭は宗教行事でありながらも、お菓子や催しとともにイタリアの日常に溶け込んだお楽しみイベント。カトリック教徒ではない私も、宗教と言うより文化、伝統的な慣習として一緒に楽しんでいます。

COMUNE

MAINA
IL PANETTONE

Cultura alimentare

第2章

イタリア人の食生活

適当とこだわりの両極から生まれる美味しさ

1

朝ごはんにエスプレッソ、イタリアのバール文化

「はいアナタ、朝ごはんはカルボナーラよ！」

随分前のことですが、日本の某テレビ番組で世界の朝ごはんを紹介していました。そのイタリア編・ローマの奥さんが朝に準備したのがローマのパスタ料理、カルボナーラだったのです。

そんなアホな！　絶対ヤラセでしょ！　と在イタリアの日本人と爆笑しました。

旅行先のホテルでコンチネンタル・ブレックファストを非日常な楽しみとして食べる人はいるものの、日常の朝ごはんに「サラート（塩味の食物）」を食べる人はほぼ皆無。和食好きの夫も、日本式朝ごはんは苦手です。朝から塩鮭は無理！　という理由は、そう、**イタリア人は何よりも「ドルチェ（甘い）」な朝ごはんをこよなく愛しているからです。**

家で食べる場合は、スーパーで十数種類もあるビスコッティ（ビスケットやクッキー）。プレーンなものからカカオやチョコチップ入り、全粒粉使用などなど。チョコやジャムが入ったミニタルトやスポンジ菓子は個包装パックで売っており、朝ごは

んや子どもたちが学校に持って行くおやつとして欠かせないものです。

飲み物のベースは、何と言ってもエスプレッソ。最近はエスプレッソマシーンも普及していますが、**イタリアでは一家に一台あるのがモカ、あるいはマキネッタと呼ばれる器具です。**それにコーヒーの粉と水を入れて火にかけ、エスプレッソを作ります。そのまま飲む他、少し牛乳を足したマッキアート、泡立てた牛乳を足したカップッチーノ、泡立てない牛乳と合わせるカッフェラッテが主流。

そこにビスコッティやスポンジ菓子をどっぷりとつけ、したたり落ちるカッフェラッテもいっしょにじゅるじゅると口に頬張ります。

子どもがするのは可愛いけれど、見た目はスマートな紳士だったわが舅、そして夫のその姿を初めて見た時は、なかなかの衝撃を受けました。

バールと呼ばれるカフェで朝ごはんをとる人もいます。その多くは家か職場に近い行きつけのバールがあり、注文しなくてもいつものメニューが出てきたり、顔なじみの朝ごはん仲間と談笑したり。**食べるものはもちろんドルチェで、ショーケースに並ぶパニーノ（ハムなど具材を挟んだパン）はあくまでランチ用です。**

バールでの主役はなんといってもブリオッシュ（南部の呼び名はコルネット）。生地に卵が入ったクロワッサンで、中身なしのシンプルなものに加え、カスタードやチョコ、最近はピスタチオなどのクリームやジャム入りがあります。あるいは生地が雑穀粉や全粒粉と粉が違うなど、種類も豊富です。

その他にも、砂糖をまぶした丸いパンにクリームが入ったボンボローネ、リンゴパイ、お米のタルトなど、とにかく甘いもののオンパレード！

いっぽう飲み物はやはりエスプレッソがベースなのですが、こちらもいくつかの種類があります。普通のエスプレッソに加え、抽出時間の短いリストレット、エスプレッソの倍量の水で抽出したルンゴ、二杯分のエスプレッソのドッピオ、さらにカフェインを取り除いたデカッフェイナート。

マッキアートでも足す牛乳は熱いか冷たいか、牛乳ではなくて豆乳が良いとか、さらに陶器でなくガラスカップが良いとか……。一言でエスプレッソやカップッチーノと言っても、種類も多ければそれを飲む人々のこだわりも深いのです。

そしてバールは朝ごはんだけではありません。

「カッフェ？（エスプレッソ飲まない？）」は、一日のあらゆる場面で登場します。

ファッション系通訳をほぼ専業でやっていた時は、一日に二、三社を訪問していたのですが、どこに行っても着くや否や聞かれるのがこの「カッフェ？」。

昼も夜もご飯が終わるとレストランのスタッフから聞かれるのも、この「カッフェ？」。最初はじゃあ、と頼んでいた私ですが、一日に何杯もは辛い！と、うち数回は違う飲み物に代えてもらうようになったほどです。

多い人は一日に五、六回は飲むエスプレッソ。回数は個人差があるものの、会社や駅にはエスプレッソ自動販売機が置いてあり、なければバールに飲みに行く、と、イタリアではいつでもどこでもエスプレッソが飲めるようになっています。

しかし、飲むことだけがその目的でありません。ちょっとブレークしたい時、誰かと一緒にいたい時、話したい時の最良のお供がエスプレッソ。ぐいっと一杯飲みほして気分をリセットしたり、パワーチャージしたり。

カウンターでなじみのバリスタ（バールで飲み物を準備するスタッフ）と言葉を交わしたり、そうして誘った友人と飲み終わった後もそのまま会話を楽しんだり。**まさにイタリア人の日常に欠かせない、生活の潤滑油のようなもの**なのです。

バリスタは、イタリアの働かないイメージを覆すスーパースキルの持ち主。さまざまな顧客のリクエストを同時進行で聞きながら作り、さらには雑談しながらも間違えることなく完璧にミッションを遂行します。

「バリスタくらい他のイタリア人もテキパキ働けばいいのに」、と口からもれそうになったのは一度や二度ではありません。

GiLLi

適当とこだわりの両極から生まれる美味しさ

2

カスタマイズは当たり前

もう二〇年以上前、来日中の夫家族とイタリア料理店でランチをしていた時のこと。けっこう美味しいね、エスプレッソまであるね、と皆、満足に食事を終えました。

しかし最後に私がメニューにはない「(エスプレッソにミルクを足す) マッキアートはできますか?」とスタッフに聞いた際、「メニューにないものはできません」と断られると、オーダーをした私以上に納得いかない様子の舅がしつこく私に聞いてきました。エスプレッソがあるのにどうしてマッキアートがないのか。牛乳くらい厨房にあるだろうに、なぜエスプレッソに牛乳を足すことくらいもできないのか、と。

というのも、**イタリアではメニューのアレンジリクエストはほとんどが受け入れてもらえるからです。**

たとえば、トスカーナの前菜の定番・クロスティーニ。パンにいろんなパテを塗ったものですが、数種類の盛り合わせではなく、みんなが大好きなレバーパテだけにしてもらうことがよくあります。あるいはピッツァを頼む時、モッツァレッラチーズが倍増の「ドッピア・モッツァレッラ」。ある具材を抜く、または違う具材にするのはもちろんのこと、具材を一から組み合わせてオーダーする人もいます。

具材がないという理由以外では、断られることはまずありません。

そういった話を日本でするとと、メニューにないのに値段はどうなるの？と聞かれますが、ベースとなるメニューと同料金か、追加具材分だけプラスになっている程度。頼むほうもそれを知っているし、それほど気にかけることもありません。

二〇二四年の夏に二年ぶりに日本に帰省した時、外食で困ったのはタッチパネルでのオーダーでした。好き嫌いの多い次男の野菜抜きをお願いしたい、とスタッフに聞いても、タッチパネル以外のオーダーはできないとの返答です。

聞いてみた三つの飲食店、すべてが同じ答えでした。

タッチパネルでのオーダーは人件費削減や利便性が高いのでしょうが、そこには人のコミュニケーションは存在せず、例外は受け付けてもらえません。

イタリアは適当、と日本ではいい加減に近い悪い意味でとらえられがちですが、適当とは本来、「ある性質・状態・要求などに、ちょうどよく合うこと」。

決まっていることから外れない、効率や利便性を優先するべき時もあります。

しかし、できる範囲で柔軟に、ちょうどよく合わせる良い意味での適当さは、飲食店のオーダーだけでなく生活全般、生き方全般に必要なことなのかもしれません。

3

郷土料理に手を加えるな

前項でイタリアではカスタマイズやりたい放題と書きましたが、例外があります。

それは、その地方で長年受け継がれてきた郷土料理。ゆるそうなイメージのあるイタリア人ですが、食、とりわけ郷土料理に関しては、びっくりするほど頑固なのです。

みんな大好きカルボナーラはローマ料理。**ヴェネツィアやフィレンツェのような観光都市では観光客用に出す店もありますが、基本的には他地方で食べられることはありません。**同じく日本で大ブームとなったマリトッツォもローマ菓子で、フィレンツェ人のわが夫に言っても「ナニソレ?」。


逆にトスカーナ外に出ると、パンに塩味がついていることで州外に出たと実感するのがトスカーナ人。かつての塩の高い関税が原因、など諸説はあるものの、ともあれ**トスカーナではパンに塩は入っていません。**

ヴェネツィアでは惣菜屋に売っているサルデ・イン・サオール（鰯と玉ねぎのオイル漬け）はトスカーナではほとんど手に入らず、逆にトスカーナでは市販品になってい

る前菜の定番・レバーパテはヴェネツィアでは存在せず。旅行でこの料理にハマった
ヴェネツィアの友人に会う時に、お土産で頼まれたのがこのレバーパテでした。

これだけグローバルな世界になった今も、その地に行かないと食べられないローカルな料理だらけのイタリア。国内旅行の楽しみは尽きません。

それゆえに、その料理へのこだわりもかなりのもの。

レシピはお母さん、おばあちゃんから、またはその地域全体で、中世から受け継がれているような古いものも。それをアレンジすることは、決して許されません。


トスカーナ人が愛してやまないのは、固くなった塩なしのトスカーナパンを再利用した郷土料理。


冬の代表、香味野菜や黒キャベツ、白いんげん豆と固いパンを煮込んだリボッリータも、白いんげん豆が入らなければ「黒キャベツとパンのスープ」に格下げ。

いっぽう夏の代表パンツァネッラは、一度水につけて柔らかくしたパンにキュウリ、赤玉ねぎ、トマト、バジルを混ぜたサラダです。

入れる具材について論争していたSNSのコメント欄では、セロリ、茹でいんげん豆、オリーブはダメ出し、ゆで卵やハムにいたっては「最悪だ！　狂気の沙汰だ！」

と怒りのコメントの連続でした。

フィレンツェの町中でよく見られるランプレドット（牛の第四胃袋）のパニーノは、フィレンツェのソウルフード。それを同じトスカーナ州の隣の県シエナでもやり始めたと知るや否や、フィレンツェ人はけちょんけちょんに批判していました。

そんな食に閉鎖的なイタリアでも、今ではすっかり空前の日本食ブーム。寿司、刺身などの生魚、黒い紙だと一刀両断された海苔も市民権を得、ズルズルと見事な音を出してラーメンをすするイタリア人を見ると、なんだか不思議な感じがします。

とはいえ、日本食などの海外グルメに対してオープンマインドになったイタリア人も、国内のローカル料理に対しては変わらず、ガッチガチに固く閉ざしたままなのでした。

適当とこだわりの両極から生まれる美味しさ

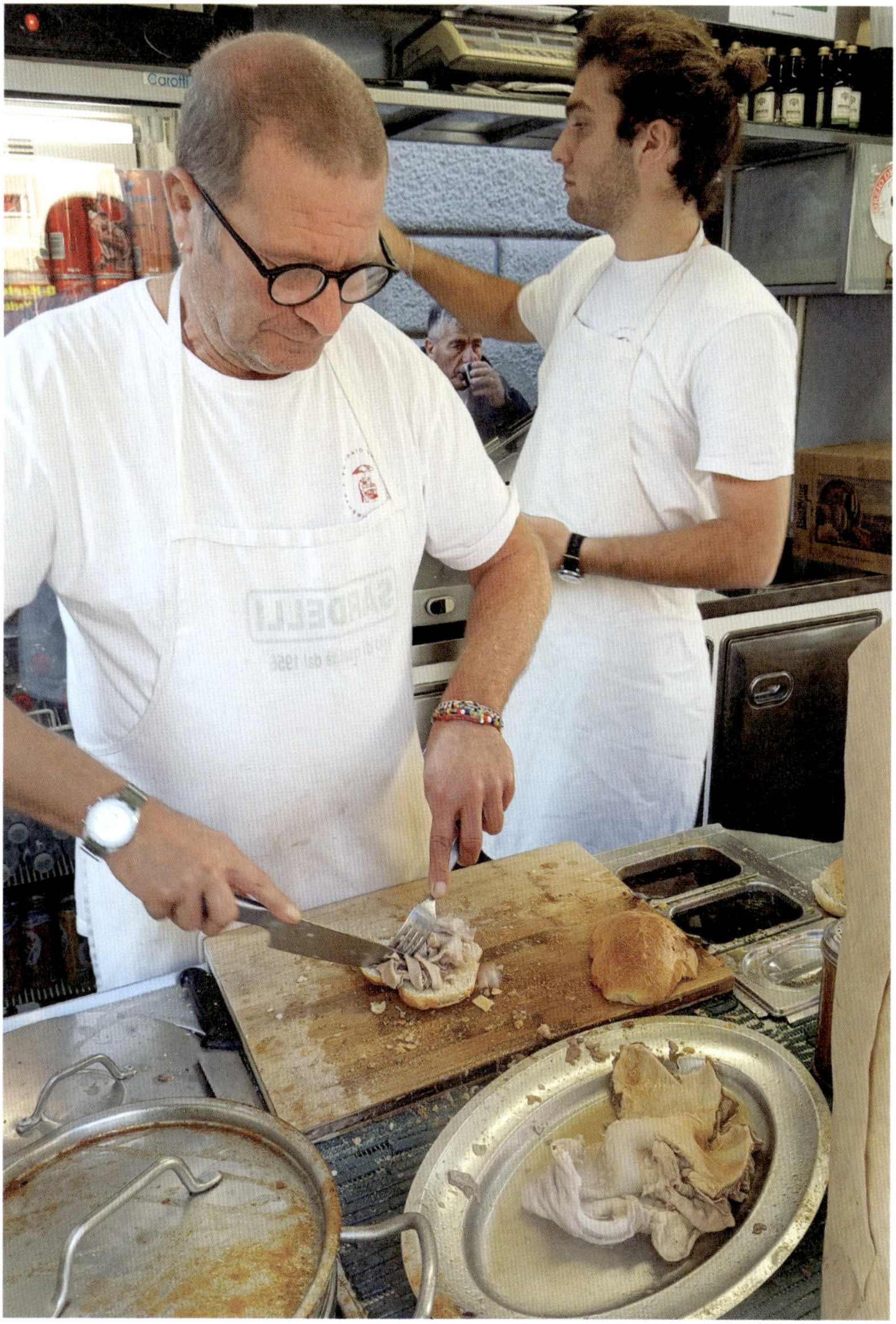

4

トスカーナ人はオリーブオイル命

フィレンツェに留学し、夫と付き合いだして食事をしていた時のこと。

サラダを味付けする目の前の夫の様子に、目が点になり固まってしまったことがありました。

それは、オリーブオイルの量。

目の前でダバダバと流れ落ちるオリーブオイルを見ながら、「ボトルを上げるのを忘れたのか？」と疑った私に対し、彼は自分の満足する量になるとボトルを上げ、何食わぬ顔で美味しそうにオイルたっぷりのサラダをほおばります。

サラダだけではありません。パスタソース、特に文字通りオリーブオイルの入るアーリオ・オーリオ・ペペロンチーノやトマトソースのパスタには、食べる前の「追いオリーブオイル」は当たり前。生で使うオリーブオイルはもちろん、知り合いやよく知る農家から購入した特別なものです。

加熱調理用はそこまで高価なものではないとはいえ、やっぱりエキストラ・バージンが基本。フライパンがヒタヒタになるまでたっぷりと、それがトスカーナ料理の味わいのベースとなります。

そんなオリーブオイルゆえ、トスカーナ人にとって毎年のオリーブの出来は重要な関心ごと。春に霜が下りる、虫が異常発生するなどオリーブの生育に問題が出てくるとさぁ大変。農家や家族代々の畑を受け継ぎ自家製オイルを作る人はもちろん、消費者たちの話題は「今年のオイルはどうする？」で持ち切りになります。オイルの生産量が減少したり価格が高騰すると、それはまさに**トスカーナの「オイルショック」!!**

そんなこんなで秋になると、畑を持つ農家や一般家庭は収穫の日程を吟味し、収穫すればひぃきの搾油所に持っていきます。**私が住む村には搾油所があるため、シーズンになるとオリーブを運ぶ車が行き来し、一帯がガタンゴトンという機材の音に包まれると、いよいよ新オイルだ！とワクワクドキドキ。**

そして新オイルが出ると、塩なしパンを軽くトーストし、新オイルをたらして食べる「フェットゥンタ」が極上のおやつ。搾油してすぐにしか味わえないフレッシュな香りとピリリとした味わいは、トスカーナの一番のごちそうなのです。

適当とこだわりの両極から生まれる美味しさ
73　第2章　イタリア人の食生活

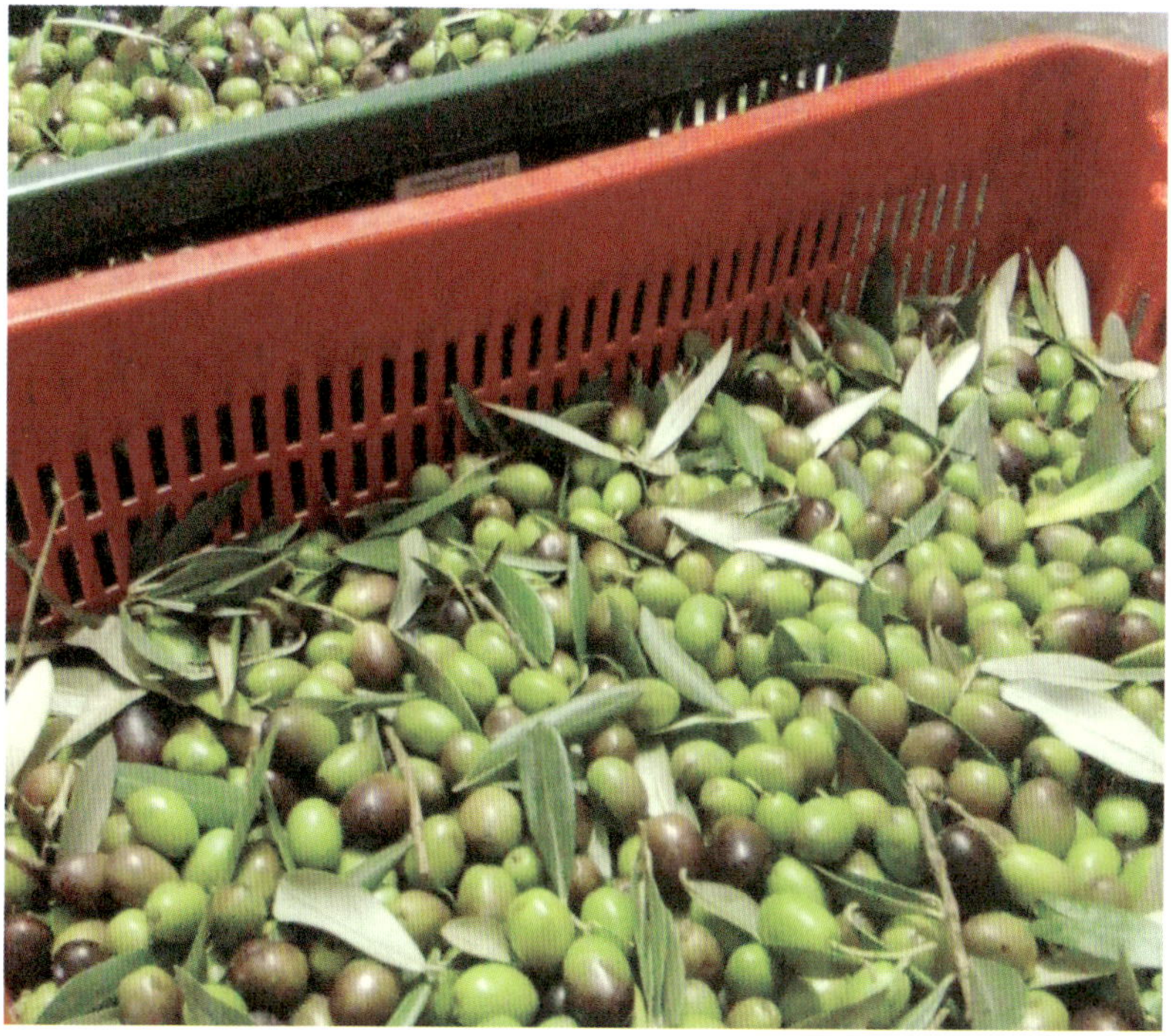

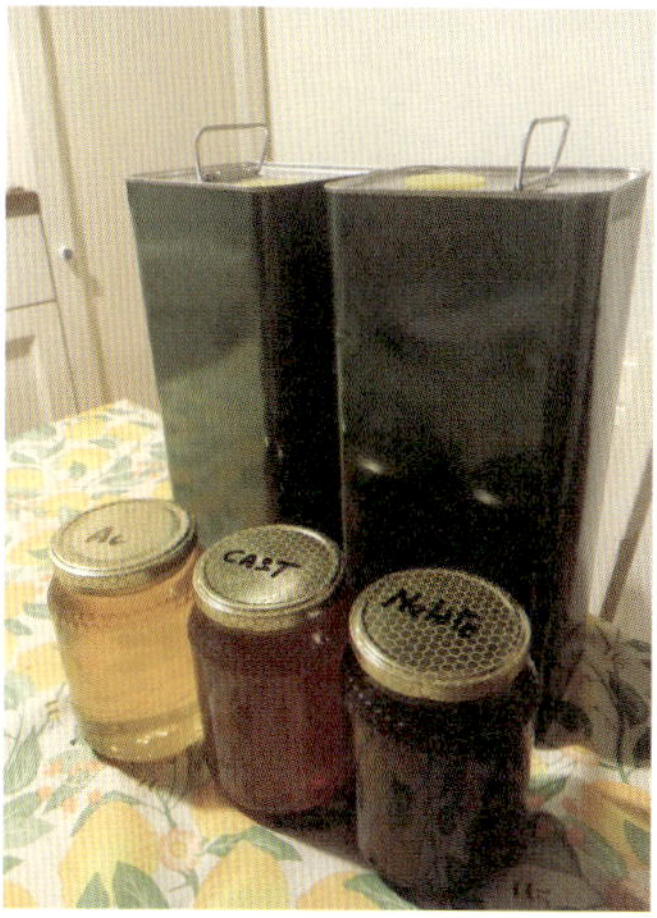

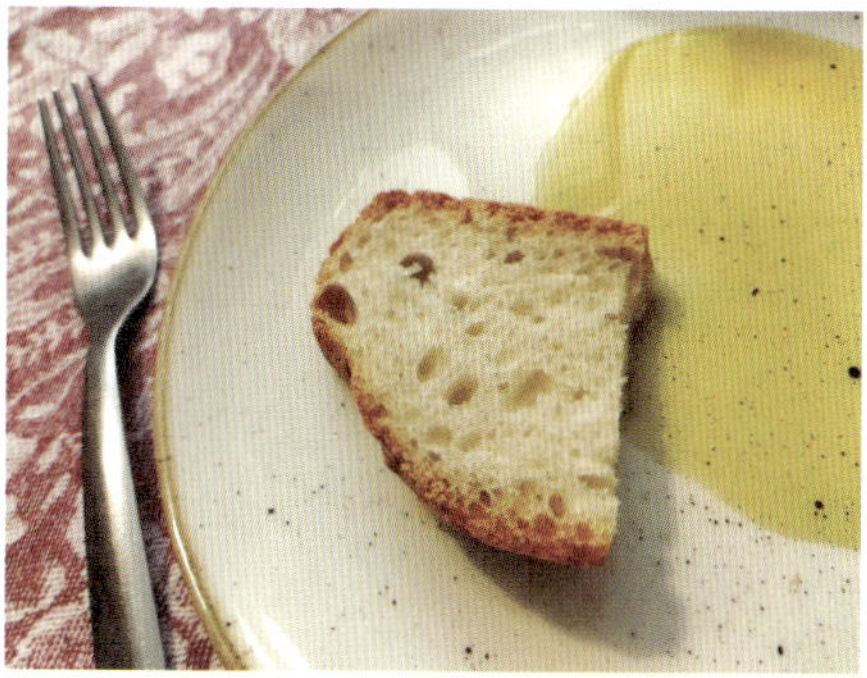

5

ハーブがあれば旨味調味料はいらない

「たったこれだけで、こんな美味しい味になるのですか⁉」

これは、日本人ツーリスト向けの料理教室の通訳をしていて、参加者の方が必ず口にするフレーズです。

日本は「〇〇の素」や「〇〇のだし」などの市販の旨味調味料であふれていますが、イタリアではそういった製品はあまり多くありません。

では、何を使って味付けをするのでしょうか？

一番シンプルなパターンでは、野菜などの素材の味と塩のみ。

にんじん、セロリ、玉ねぎの香味野菜をみじん切りしてじっくり炒めた「ソッフリット」や、それを水で煮込んだ出汁「ブロード」も、あらゆる料理のベースとなります。

そこに好みで、こしょうまたはペペロンチーノ、それだけでほとんどの料理が完成してしまうほど。

そして**もう一つの味わいの秘密はハーブ。**

ローズマリーは肉料理やじゃがいものオーブン焼きに、セージは肉の煮込みや豆を茹でる時に。バジルがたくさんできればペーストにしてパスタや野菜と和えたり、トマトソースやサラダに加えたり。魚系やキノコの料理にはイタリアンパセリ、ピッツァ用のトマトソースやカプレーゼ（トマトとモッツァレッラチーズのサラダ）にはオレガノ……と、私もイタリアに移住してから少しずつハーブの使い方を覚えてきました。

我が家では、バジルとミントは毎夏、ローズマリー、セージは通年使えるように植えています。ミントとセージは料理の他にもハーブティー、そして**ローズマリーとセージはみじん切りして乾燥させ、塩と瓶に入れて振るだけで添加物なしの万能調味料**に早変わり。美味しい塩と美味しいオリーブオイル、そしてハーブさえあれば、何種類もの旨味調味料を揃える必要はありません。

そんなの、田舎で庭がある人だけでしょ？ と思われるかもしれませんが、イタリアではマンションでも植木鉢でハーブを育て、日々の食卓で活用している人がたくさんいます。

市販の旨味調味料は楽、時短、とよくうたわれますが、ハーブだって使い方を覚えれば簡単、らくちん、何よりいろんな効能もあって良いこと尽くし！ 無駄なボトルのプラスチックごみも出さないので、人にも環境にも優しいのです。

適当とこだわりの両極から生まれる美味しさ
第2章 イタリア人の食生活

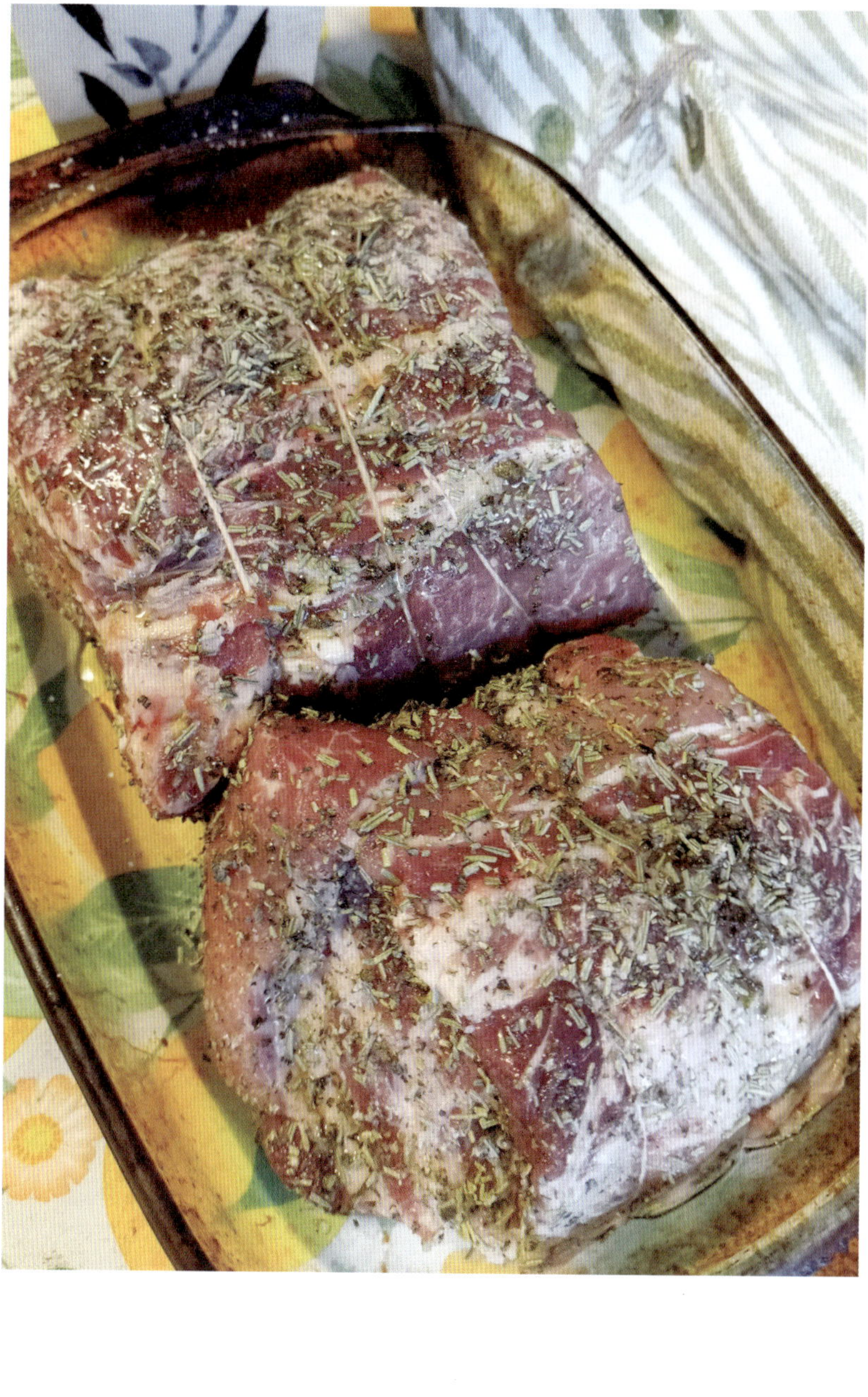

6

最後まで美味しく食べ尽くす、保存食とスカルペッタ

家庭菜園ができなくても、前住人の残した恩恵にあずかっている我が家。

初夏はさくらんぼ、収穫量は毎年変わりますが、大豊作はなんと六キロ。食べても食べても追いつかないのでご近所や夫の同僚に配った後、残りはジャムを作って瓶詰にし、家でタルトにしたりヨーグルトにかけたりして使いました。

秋はオリーブ、過去最高二〇キロの時は、オリーブ畑を持つ友人に混ぜてもらってオイルにしました。そこまで採れなかったとしても放置するのは心苦しく、塩水漬けオリーブを作るのが毎年の定番になっています。そのままおつまみにしたり、果肉をパテにしたり、鶏肉のトマト煮込みやギリシャ風サラダにしたりと、通年かけて楽しませてもらっています。


そして前項で紹介したバジルのペーストや、乾燥させたローズマリーとセージを使ったハーブ塩も、旬の味を加工して長く活用することができる便利な保存食です。

しかしイタリアでの保存食のハイライトは、なんと言ってもトマトでしょう！

旬のトマトは味が濃くて美味しいですが、その味わいを年中味わうことができるのです。

家庭菜園をしている家では、晩夏に熟したトマトを一斉に収穫し、まずはしっかり洗います。それからトマトを湯がき、そのまま瓶に入れるのか、イタリアの家庭には必ずある野菜漉し器具を使ってピューレにするかは家庭それぞれ。使う時のことも考えて、塩やバジルを入れることもあります。最後は熱湯に瓶を浸し、蓋がペコッと凹んで真空になれば出来上がり。収穫や量によっては、一日から数日かけて家族みんなで分業して行う一大イベントとなります。

我が家のように家庭菜園を持ってなくても大丈夫。シーズン最後には、どの野菜も値段が下がるので、農家から箱買いすれば同様の保存食を作ることができます。

今までで一番美味しかったのは、地元の自然農法の農家から購入した、プチトマトのパスタ用のソース。少し時間がかかっても、汗だくだくになろうとも、それから先、冬でも美味しいトマトが食べられるならいくらでも頑張れます！

毎日の食事でも、美味しいものを最後まで食べる極意があります。それは「スカルペッタ」、残ったソースをパンですくって食べることです。

パスタソース、煮込みのソース、夫は火を通したオイルは体に良くない、と言いつつも、肉のオーブン焼きなどでオーブン皿に残った味が染み染みのオイル……これらのソースをキレイにパンで拭きとり、最後まで食べてしまいます。

高級レストランでするのはご法度かもしれませんが、イタリアの家庭ではもちろん、一般的な飲食店ではみんな普通にやっていること。どころか、それほどソースが美味しい！という意味で喜ばれることもあります。

お皿だけでなく、わが姑のスカルペッタはフライパンや鍋まで及びます。

姑宅のダイニングキッチンは彼女の席の後ろがキッチンなのですが、食事中にぬぉ〜っと手を後ろにまわし、コンロ上にあるフライパンに残ったソースもスカルペッタ。

美味しいものを残さず食べられるだけでなく、キレイにスカルペッタしてもらった後のお皿洗いはとっても楽で一石二鳥です。

スカルペッタの発祥は南イタリアらしいですが、私の感覚では今はイタリア全土でやっていて、間違いなくトスカーナ人はスカルペッタが大好き。

塩が入ってないトスカーナパンだからこそ、スカルペッタをしても余分な味がなくて美味しく食べられます。トスカーナパンには塩が入ってないのは、スカルペッタのためなのか？と思ってしまうほどに……。

面白い響きのこの言葉の語源には諸説ありますが、その一つがScarpe（スカルペ＝靴）に縮小辞の-tta（＝小さな靴）がついたもの。お皿のソースをすくうパンの動きが、地面にすって歩いて土を掃く靴に似ているからだそう。

ソースを残さず最後まで食べることが貧しい人の行いだということで、欠乏を意味するScarsettaが語源である、という説もあります。

しかし、今は後者の「貧しいから仕方なく最後まで食べる」ではありません。

スカルペッタは食べ物を無駄にしない、美味しいものは全部食べる、という、人間のモラルにも本能にも叶った素晴らしい習慣だと思います。

問題は、とにかくパンを食べ過ぎてしまうこと、それくらいでしょうか？

賛同していただける皆さんは、イタリアに来たらぜひ、スカルペッタを。最後の最後まで美味しい料理を味わい尽くしましょう！

Aglione
Aglione

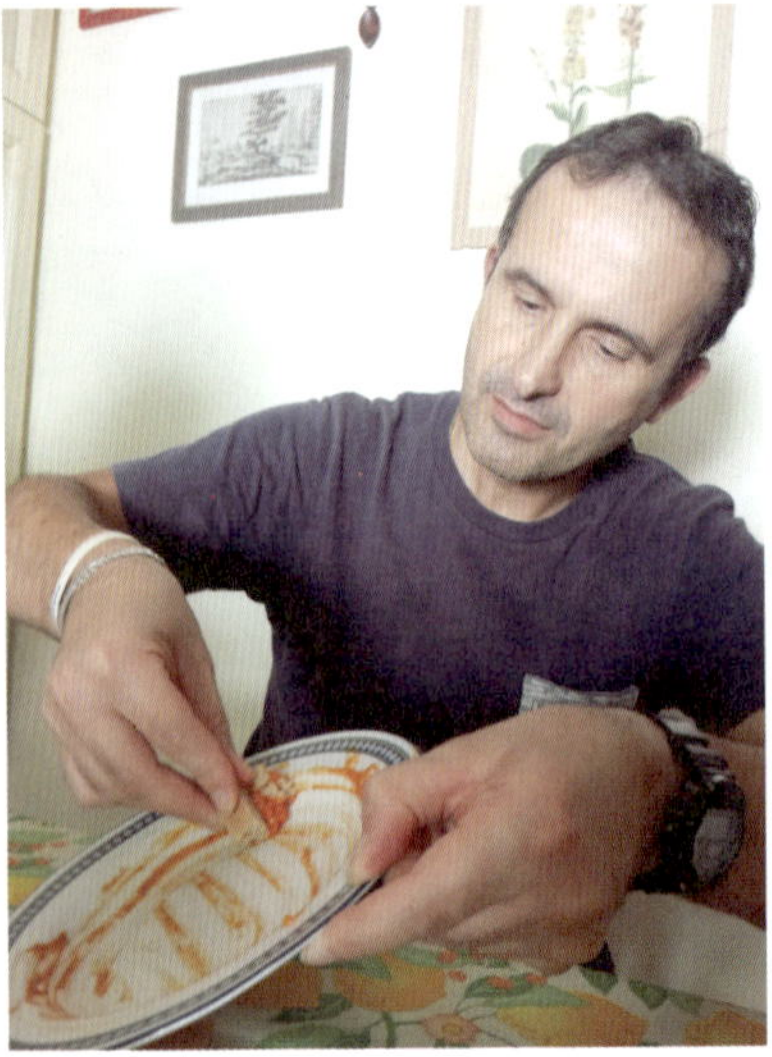

適当とこだわりの両極から生まれる美味しさ

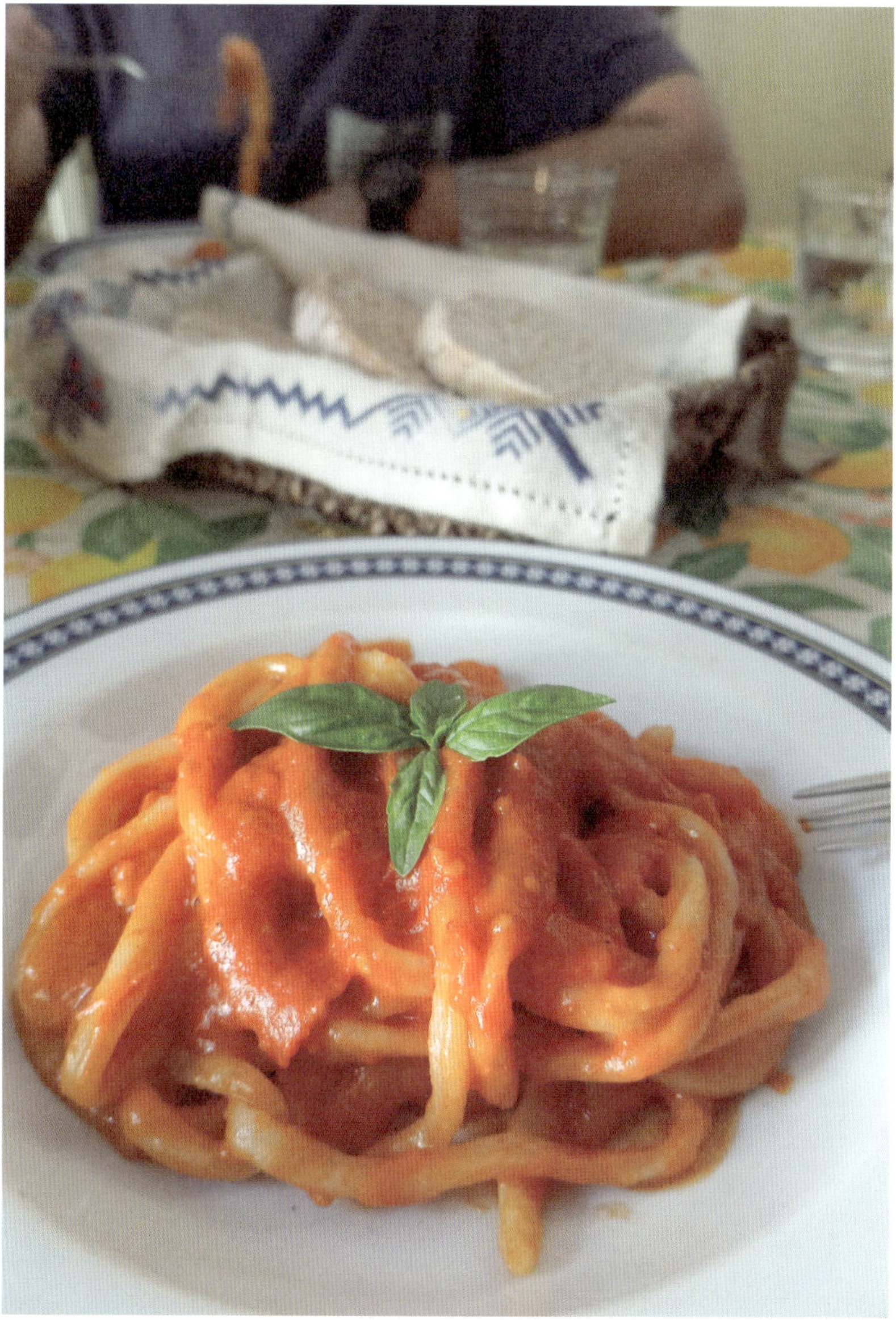

7

農家市のススメ

田舎暮らしも早二〇年ほど。日本イタリア両方で田舎に住んだことのない私が田舎暮らし万歳！と思えることは数多くありますが、そのうちの一つが農家さんから欲しいものを欲しいだけ直接買えることです。

一〇年ほど前、日本のオーガニック料理の先生とその生徒さんのトスカーナツアーの通訳をしていた時のこと。

「オーガニック認定のある製品が手に入りやすくていいですね」と先生が言った後の相手のイタリア人が返した言葉に、目から鱗が落ちました。

「オーガニック認定を取るだけでもけっこうなお金と書類が必要。それを持ってなくても昔から自然農法で地道にやっている小さな作り手さんがいるのだけどね」

星で葉を形どった黄緑色のEUオーガニック認定マーク。それは製品を保証する一つの基準にはなるけれど、大事なのはそれだけではないのです。

その話を聞いてからちょうど、私が住む村で地元の農家の市が家の近くで出るようになり、そこで話を聞いて野菜を買ったり、その畑を見たりする機会が増えました。

いずれも昔ながらの自然農法。私が継続的に購入しているのは、自分たちで作った飼料を与えて広い敷地で平飼いされている鶏の卵と、簡単に大量に生産できるように品種改良されたものでなく、それ以前にその土地でずっと生産されてきた古代小麦を石うすでひいた小麦粉です。

認証マークよりも安心して使えるのは、畑や飼育の現場を見て、何より作っている人を知っているから。

でもそれは田舎暮らしだからできるのでしょ？ と思われがちですが、私もすべてを生産者から買うのは無理。地元農家が作っていて、自分が頻繁に使う食材だけです。残りはスーパーに売っているオーガニック製品や、そうでないものも組み合わせながらやりくりしています。

田舎でなくても週末に農家市が開催される町も多く、今ではインターネット上で生産者を知ることも、製品を買うこともできます。

しかしこれはきっと、農作物の話だけではないはず。

認証マークに星の数、テレビにＳＮＳと情報が過度にあふれる現代では、「自分だけの物差し」を使ってものごとを見極めたいな、と思います。

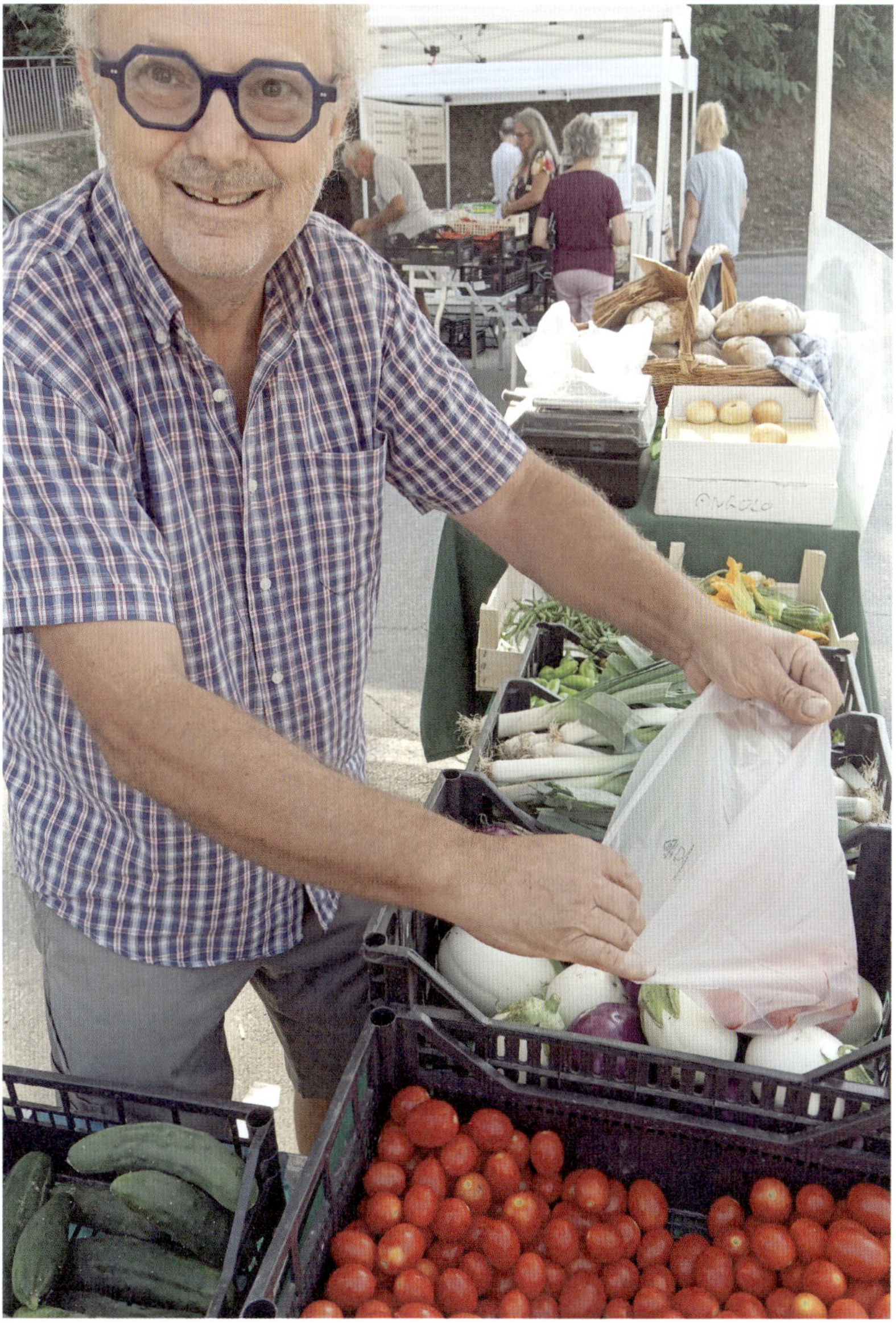

適当とこだわりの両極から生まれる美味しさ
87　第2章　イタリア人の食生活

8

パスタへのこだわり、週一のピッツァ

イタリア料理と聞いて、何を思い浮かべますか？

そう聞かれると、世界中の誰もが「パスタ」か「ピッツァ」と答えるでしょう。

イタリア料理はそれだけじゃないよ！と思うこともありつつも、夫が料理で何か指摘する時は、決まってパスタ。私の作る料理には何も言わないか、「美味しい」とほめてくれるのに、パスタにだけは厳しいのです。

しかもソースの味うんぬんではありません。それは決まってパスタがアルデンテでないことに対してのクレームです。

五〇を過ぎて夫は糖質制限ダイエットを始め、パスタは週に二、三回しか食べなくなっても文句は言わないのに、その茹で加減だけは絶対に譲れない……。

来日時には和食を謳歌する夫ですが、シンプルなトマトソースのパスタを無性に食べたくなることが時々あるそうです。イタリア人にしては珍しくどんな料理も平気な夫でも、その発言にイタリア人のＤＮＡを感じます。

もう一つのピッツァでは、味や質よりも頻度にこだわりを感じます。

わが家では自家製の天然酵母で作った生地を使い、毎週金曜日の晩にピッツァを作るのですが、生地がうまく膨らまずにあまり満足度が高くない時も。

しかしそれに対しては「これはこれで美味しい」と、とても寛容なくせに、生地を仕込むのを忘れたり、時間がなかったりして「今晩はピッツァできないのだけど」と言うと、

「じゃあピッツェリアでテイクアウトしよう！」

「あ、スーパーで26×38（夫が好きな市販品の冷凍ピッツァ）買ってこようか？」

こんなふうに、前のめりでどうにかしてピッツァを食べようとします。

私が作るピッツァを喜んで食べてくれますが、いやはや、ピッツァであれば基本なんでも良い、なんでも良いから週に一回は絶対に食べたいのでしょう。

パスタの回数が減るのは我慢できても、週一のピッツァだけは絶対にやめられそうにありません。

そう考えると、イタリア料理を代表するのはやはり「パスタ」と「ピッツァ」。世界中の皆さんが連想するのは、あながち間違いではないようです。

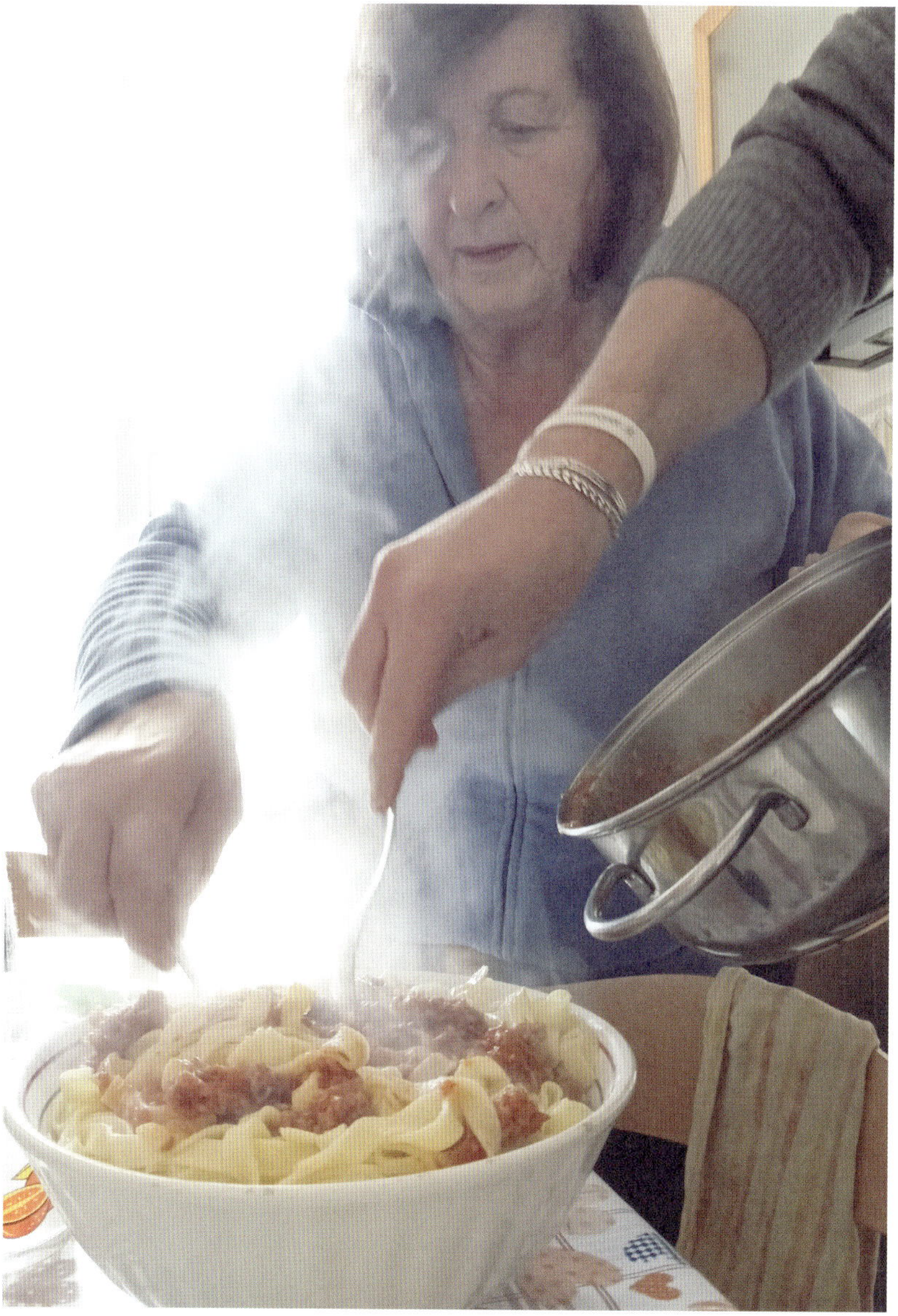

適当とこだわりの両極から生まれる美味しさ
91　第２章　イタリア人の食生活

9

手を抜く時はとことん手を抜く

天然酵母でパンを焼いたり、パスタを手打ちしていたりすると、さぞかし毎日手をかけた料理をしているのだろう、と思われることがあります。

いえいえ、そんなことはまったくありません！　やるときはやりますが、手を抜く時は抜きまくる、そんな日も多々あるからこそ、手をかけることもできるのです。

幸いイタリアでは甘い朝食なので、我が家では家族それぞれが自分の好きなクッキーを食べるだけ。

イタリアの中高生はお弁当なしでお昼の二時まで授業があります。夕方近くに食べる彼らのランチはパスタがほとんど。それさえも面倒な時や、長い夏休み中のランチは暑いこともあり、買ってきたサルーミ（生ハムやサラミなど）やチーズ、パテを並べて、パンと一緒に好きなものを食べてもらうだけです。

そして我が家の嬉しい味方は、日本から持ってきたそばやうどん。こちらも特に夏は大活躍で、茹でさえすればあとはつゆで食べるだけ！　良くて鰹節や海苔を添えるだけの素そば、素うどんで十分です。

あとあと楽をするために、詰め物の生パスタ、ミートソースや餃子も作る時は大量生産。小分けにして冷凍保存しておきます。その時は半日かかっても、いざという時に本当に楽なので、後々のためにここぞと頑張ります。

できるだけ手作りをモットーにしていても、混ぜるだけの市販品の手を借りることもあります。

パスタソースは種類が豊富だし、夏はライスサラダの素に茹でたご飯を混ぜるだけ、という手も。

麺や米ばかりが気になったら、頼りになる肉屋さんへ。ハムやチーズを巻いた肉や野菜と調味料で和えてある肉は、フライパンで焼くだけです。そして究極は冷凍ピッツァ！　いろんなメーカーから種類も多く出ていて、けっこう美味しいのですよ。

日本のお母さんが苦労されているお弁当も、イタリアでは遠足などの時だけだし、何よりもとっても楽。なぜなら、それはハムとチーズを挟んだだけのパニーノだから！　イタリア在住の日本のお母さんでキャラ弁を作っている方がいましたが、基本ズボラな私は絶対に無理……都合の良い時だけ日本人となったり、ちゃっかりイタリア人化したり、罪悪感なく自分の楽なほうを選んでいます。

PESTO ALLA GENOVESE €28,50 al Kg
Pecorino Siena

OLIVE GIGANTI FARCITE MARINATE
€ 12,60
€ 29,50
€ 13,30

適当とこだわりの両極から生まれる美味しさ
第2章 イタリア人の食生活

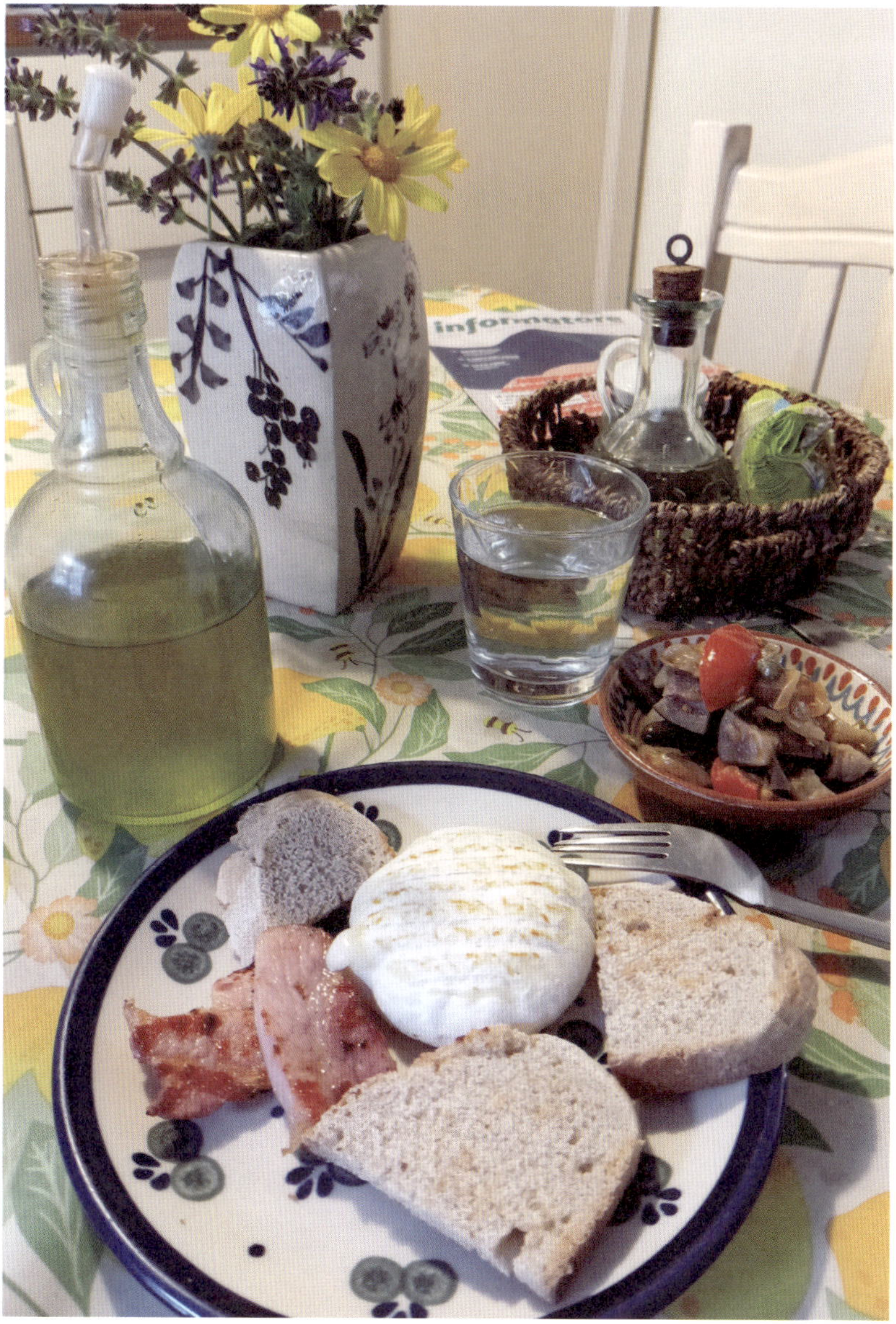

Sentimento sociale

第3章

イタリア人が愛するもの

大事なものへの果てなき愛情

1

家族は心のよりどころ

イタリア人は家族の絆が強い。愛情が底なしに強い。

イタリア人と結婚し、ここで家庭を築いた私ですが、特に最初の数年は驚きととまどいの連続でした。

付き合っていた時はもちろん、今でも仕事の日のランチ後に必ず電話をかけてくる夫。すごい愛されてるのね！と思われるかもしれませんが、これがイタリアン・スタンダード。毎日のように電話をしてくるのは、うちの夫だけではありません。

家族間の電話に関するエピソードは尽きませんが、筆頭はやはり姑です。

私にも電話をかけてくるようになったのは妊婦になった時。田舎に引っ越したばかりで、また初めての妊娠だったこともあり、姑からの電話を心強く感じていました。

しかし、出産してからは毎日「今日ウンチはしたか」「授乳は何回したのか」、検診の日も必ず覚えていて、身長体重はもちろんすべてを語るまで電話が終わりません。

ただ知りたいだけとわかっていても、監視されているようでちょっとげんなり。

それだけでなく、「先生も可愛いって言ってるでしょ」「うちの孫は世界一可愛い」と、実の母である私も恥ずかしくなるほどの溺愛ぶりです。

家に来るのは週に一回くらいでしたが、それは家が遠いから。そうでなければ毎日やってくるのは必至で、近くに住んでなくてよかった！と思ったものでした。


そしてもはや中年になった夫でも、姑にとってはまだまだ可愛いわが子。

夫が熱を出したと聞けば、「熱は下がったの？　薬は何飲んでるの？」。まさにこの原稿を書いている今、夫は足を負傷して自宅療養中なのですが、今回ももれなく「腫れはひいてるの？」と毎日かかさず電話がかかってきてます。「一日でそんなに変わらんがな！」と心の中でツッコむ可愛くない義娘の私。

実の娘、私の義妹とはさらに深い絆で結ばれています。彼女が幼馴染だった恋人と同棲するために家を出る時には涙ぐむ姑。しかしそこは車で一時間半の姑の故郷です。つまり恋人も恋人の家族も、村の人々も親戚か知り合いばかり、当時健在だった姑のお母さん（夫の祖母）を見に月に二回も行く場所にもかかわらず、です。

義妹が私のように地球の裏側に移住したら、ショックで寝込んでたかもしれません。

それから義妹とは毎日四回の電話が姑の日課に。わが息子たちへの溺愛も義妹の息子にも分割されて軽くなったこともありますが、二〇年以上経った今ではかつてのとまどいも嘘のように、すっかり当たり前のことになりました。

日本に滞在している時に夫から毎日ビデオ電話がかかってくると、日本の家族からは「また？　しゃべることあるの？」と言われます。しかし大事なのはしゃべる内容でなく、電話で声を聞いてコミュニケーションをとることなのです。

日本では「音沙汰がないのは元気な証拠」ですが、こちらでは真逆で「音沙汰がないのは何かあったのでは？」と不安になるほどに……。

毎日の電話に週末やイベントごとの家族ランチ。独立したり遠く離れていても、常にコンタクトを取り続けるのがイタリアの家族の姿です。日本人の私からすると照れてしまいますが、いくつになっても誕生日に電話をくれることにも心が温まります。

もし何かがあったとしても、自分にはすべてを受け止めてくれる家族がいる。

その安心感は、何事にも代えられない人生の宝物です。

2

ジジババは育児に大活躍

「頼ってばっかりで姑さんに悪いでしょ、ベビーシッターとか頼めないの？」

次男が幼稚園にあがった頃、私は年に四回ほど長期出張に出ていました。そんな時は姑が家に来て、住み込みで家事育児をしてくれていたのですが、それを知った日本の母に言われたのが、この言葉です。「お姑さんに迷惑かけて」という日本の感覚から出た発言だと思いますが、もし私が「悪いからベビーシッター頼みます」と姑に告げたとしたら、「私を差し置いて、ベビーシッターを頼むなんてあり得ない！」と、間違いなく気分を害し、叱られていたことでしょう。嫁姑戦争の勃発です!!

イタリアでも兼業主婦は多く、保育所や学童もなくはありません。しかし空きがなかったり高額だったり。そんな家庭を支えるのは、圧倒的にノンニ＝おじいちゃん・おばあちゃんです。**困った息子や娘を助けるのは当たり前、しかも孫が可愛くて仕方がないノンニは、嬉々としてその役割を買ってでてくれます。**

赤ちゃんの頃は授乳やおむつ替えはもちろん、公園では孫を連れる他のノンニやマンマたちと仲良くなり、抱っこに寝かせつけもなんでもござれ。幼稚園以降も中学まで続く送り迎えに加え、遊びに付き合ったり宿題まで見てくれることも。

では、三か月の長い夏休みは？　海や山に別荘を持つノンニなら、孫も一緒に連れて行きます。夫婦はしばし子なし生活を楽しみ、週末だけ子どもに会いに行く。どっちが親だかわからないような生活になることも少なくありません。

近所に住むピエロは、孫たちを毎日小さい子どもが集まる広場へ連れてきていました。息子夫婦は共に仕事が忙しく、その娘が幼稚園に行くまでの週半分はピエロ夫妻が、残り半分は嫁の親が預かっているそう。その前は娘の長男、その後はその次男が預けられ、一〇年ほどずっと孫と生活をしていたことになります。

ピエロは「孫たちのおかげで老けないし、若いマンマと仲良くなれるし」と楽しそう。毎日の食事と、毎週末の家族大集合のランチを取り仕切る奥さんも、「朝からパスタ1キロ打つのよ、いつになっても楽させてくれないの」と言いながらも嬉しそう。

今では姑に頼ることはないですが、フィレンツェの高校に通う息子たちが学校の後にランチに来るのを楽しみにしている姑。あまりに張り切ってフルコースでもてなされるため、その日は「満腹すぎて夕食いらない」と息子たちに言われるほどです。

イタリアのジジババがいつまでも元気なのは、孫のおかげかもしれませんね。

Snella

3

子どもは皆の宝

今も住む田舎の村に移住した時は、私たちには誰も知り合いがいませんでした。

少しずつ挨拶を交わす人ができ始めた頃に妊娠し、お腹が出てくると、「何か月？」「性別は？」、出産が近づくと「予定日は？」「楽しみだねぇ」といろんな人に話しかけられます。それはまるで、自分の娘が出産するかのように。出産後にベビーカーで出かけると、ちょっと見せて！　可愛い！　と人がワラワラと寄ってきます。泣くとおどけた顔をしてあやしたり、見ている皆がなんだか嬉しそうですらありました。

イタリア人は、お年寄り、妊婦、そして子どもにとても優しいです。

交通機関では席を譲ってくれるのはもちろん、バギーに子どもを乗せていると乗降時や階段で必ず誰かが手を貸してくれます。赤ちゃんが泣いても、うるさいと文句を言う人は皆無。昔、「静かにしなさい！」と電車内で息子たちを叱った時は、近くの婦人に「小さい子どもでしょ。叱ることじゃないよ」と、私が諭されてしまいました。

子どもは子どもらしく、でも大きくなるにつれて、他人に叱られることも。それも含めて、地域全体で子どもの成長を見守っている、そんな気がします。

4

ボランティアで成り立つ救急医療

早いもので私も五〇歳を超え、同年代の日本の友人からは「イタリアの医療ってどう?」と聞かれることが増えました。医療だけではなく何事でもそうですが、良いところもあれば悪いところもあります。

日本とは根本的にシステムが違い、基礎的なことは無料。多くの場合はまず登録しているホームドクターに受診・相談することから始まります。その結果、薬の処方箋や専門医の紹介書、検査依頼書などをもらい、専門電話番号やサイトまたは薬局で予約。すべて国立の病院や施設で行うので、比較的安価で受診や検査が受けられます。

問題は、この予約がめちゃくちゃ取りにくいこと。今必要な検診や検査なのに、予約できるのは数か月先というのも珍しくありません。パソコンや電話にかじりついて予約の前倒しを試みますが、精魂尽きて無理だと悟った場合は民間のクリニックに行かざるを得ず、場合によっては倍以上の費用がかかってしまいます。

いっぽうでとても助かったのは、妊娠中の検診や検査、出産がすべて無料であったこと！ 自然分娩の場合は出産後四八時間後に退院、とかなりスパルタであるにせよ、日本での出産費用を聞いて目が飛び出た記憶があります。

そして、いざという時の救急も無料です。お世話にならないほうがいいに決まっていますが、うちの次男はかなりのやんちゃ坊主。この一五年ですでに七回ほど救急のお世話になって大助かりです。大半は夫が車で連れていきますが、車がない時は一一二番に電話して状況と場所を説明した後、緊急レベルによって救急車が派遣されます。

この救急車がボランティアで成り立っていることを知ったのは、家の近くで救急車が止まっていて知り合いのおじさんが仕事しているのを見かけた時。後日「病院勤めだったのね」と言うと、「違うよ、ミゼリコルディアだよ」と答えたのです。

ミゼリコルディアとは、トスカーナ州を中心とした国レベルの慈善団体です。言葉の由来はラテン語で「貧しく悩める人、必要とする人、苦しむ人に情愛を与える」という意味。十世紀のカトリックの信者会を前身とし、ミゼリコルディアとしては一二四四年にフィレンツェに誕生しました。八百年近くの時を経た今も変わらずドゥオモ脇に本部を構えて医療を支えています。

フィレンツェ生まれゆえに、私が住む周りのほとんどの市ではミゼリコルディアが存在します。わが村の場合は定年退職後のおじさん、おばさんが大部分。しかし空き時間に社会貢献でもしようかな、という軽い気持ちではできない活動です。

また、今までに来てくれたボランティアは、二〇代の若者から働き盛りの中年層までさまざまでした。しかも数年前から、趣味でも仕事でも大忙しの私と同年代の日本人の友人までミゼリコルディアの活動に参加するようになり、とても驚きました。

医療知識の講座や訓練、深夜勤務に遠方出張。彼女から話を聞けば聞くほど、社会貢献、地域貢献、という理由だけで、無償でこんな活動ができるものなのか？の問いが、頭から離れません。

救急だけでないイタリアでの慈善活動、家族の愛情の深さ、お年寄りや子どもに優しく、困った人を見ると放っておいけない。このイタリア人の国民性を形成しているのは、カトリックの教えの一つであるCarità（慈愛）にあるのではないかと思います。

とはいえ、私だって人種差別や理不尽な待遇を受けた経験は数知れず。それでも、何かあった時にはどこからか手を差し伸べてくれる人がいる。家族でも、他人でも。ボランティアができなくとも、私も手を差し伸べられる人でありたいと思っています。

MISERICORDIA di FIRENZE
www.misericordia.firenze.it

5

インクルージブな社会

イタリアでは、いろんな人種に出会います。今では日本も多くの外国人が住んでいますが、留学した二〇年以上前でもすでに、観光客ではない外国人の多さに驚きました。かく言う私自身も、日本からの移民です。

おらが村の学校では学年1クラスしかないのに、わが子のようなハーフは三、四人。学校全体では片親が欧州だけでなく、南米やアフリカ出身の人、両親ともに移民のアルバニアやモロッコの人もいます。近所の女の子は、カンボジアからの養子です。

すべてを包括するというインクルージブの考え方は、障がいを持つ子も同じでした。視察のコーディネートと通訳を頼まれることの一つに、イタリアの教育、特に幼児教育の視察があります。世界中に普及しているモンテッソーリ教育からレッジョ・エミリアのように幼児教育に注力する自治体、そしてインクルージブ教育が対象です。

前者二つの詳細はここでは割愛しますが、インクルージブ教育については、これらの視察と、息子たちの学校から知るようになりました。

イタリアでは一九七〇年代から、障がいのある子も地域の学校に通うインクルーシブ教育を進めており、実際に**息子たちの学校でも知的障がいや発達障がいの子どもたちも同じ学校に通っています。**特殊なケースを扱う特別支援学校は全体の0・03％しか存在せず、一般の学校内に特別学級もありません。

障がいが認定された子がいるクラスにはサポートの先生がつきます。これはその子個人ではなく、あくまでクラス全体のサポートという位置づけなのがポイント。クラス全体でその子を支えるためのサポートです。この先生をしている友人曰く、サポートは学校の時間内だけでは終わらず、宿題のサポート、担任や担当医師との連携など、業務は多岐にわたります。

視察通訳で何度か訪れている保育園・幼稚園は、元々はろうあ者のための特別学校でしたが、現在は一般の学校へ転換しました。カリキュラムはなく、子どもたち自身がやりたいことだけをやるという運営方針ですが、そこで視覚障がいや聴覚障がいの子どもたちを分け隔てることはありません。そんな「荒治療」で問題はないのか？仲間に入れないのではないか？の問いに校長先生は「皆さんそうおっしゃるんですよ」と穏やかに答え、こう続けます。

先生たちは常に観察し、子どもたち各々の特性を熟知していること。身の危険を感じる時以外は、ちょっとした問題やケンカが勃発してもあえて介入はせず、子どもたちだけで解決させるようにしていること。

それは障がいがある子どもたちに対しても平等です。

障がい者自身が学んだり、また周りの子たちの助けで問題を解決し、先生の出番はほとんどないそうです。周りの子たちもまた、障がい者と共生することで多くの学びがあるのだと言います。

近年は、見た目でわかりにくい、さまざまなタイプの発達障がいで認定を受ける子が増えています。これには賛否両論があり、次男の高校のクラスでは約七割が発達障がいの認定を受けていたり、まだ小学一年生だった甥っ子が学校から発達障がいの検査に行くように促されるなど、、私もやりすぎではないか、と思うこともあります。

しかし前者は、障がいを認めて相応のサポートを施して学習の後れを生まないこと、何よりも障がいがあってもクラスから、ひいては将来も社会から隔離されないことを目標としているから。後者は学校の対応に疑問を感じますが、それを認定するドクターがその学校に申し立てをし、障がいの認定を受けずに学校と自宅でサポートできる方法を提示するなど、その措置がいっぽう通行でないことに感心しました。

またイタリアでは、同じく一九七〇年代に精神病院も廃止しています。

実際、おらが村では精神障がい者の男性が母親と住んでおり、それを知らない時に「うひひ、中国人のお姉ちゃん！」と急に顔を近づけられ、怖い思いをしたことがあります。しかし、偶然そばにいた友人が「クミコは日本人だよ〜」と笑い、「今日のおつかいは何？」と彼と普通に会話した後、私に「普通に接してれば大丈夫」と言ったのが衝撃的でした。そして買いたいものが見つからず、店の前でぶつぶつ言いながら彼が徘徊していた時に、「どうしたの？」と声をかける誰かが必ずいたことも。


移民にしても障がい者にしても、分け隔てないことで多くの問題や社会の中で摩擦を生み出しているのは確か。実際に移民に関しては、移民による犯罪、その待遇や措置に関して欧州規模で大論争となっています。人種差別も、もちろんあります。

これらが間違いのない事実だとしても、**一刀両断にバリアを張ったり、隔離することでは解決させせない。**問題山積でもがいているように見えたとしても、「インクルージブな社会」を目指す揺るぎない姿勢には、良くも悪くも感銘を受けざるを得ません。

6

フィレンツェは世界一美しい町

「どこの病院で生むの？」

これは、私が第一子を妊娠した時の舅の第一声でした。どの病院が良いかという話ではなく、どの町の病院で生むか、自分の初孫の出生地が「nato a Firenze（フィレンツェ生まれ）」と記されるかどうかの心配から発せされた言葉だったのです。

イタリア人はとにかく、自分の町が大好き。それはどんな小さな村にも一つはある教会の「カンパニーレ（鐘楼）」から由来する、「カンパニリズモ」という言葉で表されます。郷土愛と訳されますが、実際はそんな綺麗なものではなく、自分の故郷を愛するがゆえに他の町を蔑んでしまう、そんな現象を皮肉るように使われます。

それは一八六一年のイタリア王国の成立まで、小国家に分裂していた歴史にも大きく関係しているでしょう。それゆえ一つの国となってから一六〇年以上たった今でも、方言や料理もバラエティーに富み、また歴史上で対立してきた町同士ではいまだに罵倒する定番のフレーズがあったりもします。

かつて対立していたフィレンツェとシエナもその一つ。

生粋のフィレンツェ人である夫は、シエナに対して「シエナ人がいなければ美しい町」と言い放ちます。フィレンツェ人が「年中パリオ（シエナの歴史的競馬）のことしか頭にない連中」と言えば、シエナ人は「ルネサンスの栄光にいつまでもすがってい る自惚れ野郎」と言い返すなど、例を挙げれば枚挙にいとまがありません。

地方から大都市に移住しても、夏休みやクリスマスはもちろん、また伝統行事のある町では行事参加のために田舎に帰る人もいます。

実家がなくなって田舎に帰ることがなくなっても、行事になると出身地の郷土料理をせっせと作って故郷に思いをはせる人も少なくありません。

そのおかげで、トスカーナの山間の村にいながら、ナポリのクリスマス菓子のストゥルッフォリやイースター菓子のパスティエーラをナポリ人のご近所さんにおすそ分けしてもらえる、なんてラッキーなことも！

「フィレンツェは世界一美しい町」、謙遜を美とする日本の感覚では照れるような言葉も、フィレンツェ人は誇らしげに口にします。逆に小さな村では、そんな大言の代わりに住み続けることや地域活動などで郷土愛を体現しているように思います。

オリウオロ通りから見たドゥオモ
（サンタ・マリア・デル・フィオーレ大聖堂）

ヴェッキオ宮殿の中庭

ミケランジェロ広場から見渡すフィレンツェの町

7

廃れない小さな村の秘密

『小さな村の物語　イタリア』というTV番組をご存じですか？

イタリアの小さな村とそこに住む人々の暮らしをありのままに紹介するドキュメンタリー番組で、二〇〇七年秋から現在も放映中の人気の長寿番組です。イタリアが好きな方なら、一度はご覧になったことがあるのではないでしょうか？

その『小さな村の物語』に出てきそう、とよく言われるのが、私の住むフィレンツェ郊外の人口一八〇〇人の村です。結婚後に田舎暮らしに憧れてフィレンツェから移住しましたが、この二〇年近くの間、小さな自治体の酸いも甘いも体感してきました。

さらに人口が約五〇〇人の姑の故郷はもっと極端でした。

標高九〇〇mにある村は、私が初めて訪れた二〇〇一年は避暑客でにぎわっていましたが、後継者が見つからない宿泊施設が閉業してからは閑古鳥がなくいっぽう。お年寄りと、そのヘルパーである移民ばかりが目立つようになっていました。

しかし、どちらの村にも共通するのは、マンパワー。前項で触れたように、自分の生まれ故郷を、または自分が今暮らす村を愛する人々の存在です。

こうした意志を持つ人がいる村に必ずあるのが、「Pro Loco」と呼ばれる地域プロモーション協会。観光案内所の運営やイベントの企画運営を行っていますが、こちらも携わる人はボランティア。彼らの村への愛情とまた仲間との絆で支えられています。

しかし、村の愛情だけでは立ち行かなくなってしまう、さらには、観光客誘致やイベントなど一過性のものでなく、村を存続ないしは発展させるため、さらに先を行くのが「Cooperativa di comunità」、地域社会協同組合です。

地域社会の住民自らがその地の問題や必要性から活動を行い、その利益を住民自らが享受する社会改革モデルであり、地域社会の質を上げることを目的としています。

地域社会協同組合を近年発足させたのは、前述の姑の故郷。過疎化が急速に進む村を憂い、夫の幼馴染たちが活動を始めました。地域の資産は村があるアミアータ山の美しき森と、豊かな水源です。

一二〇年前に建設され今も現役の源泉所の見学ツアーをボランティアで始めました

が、コロナ禍で一気に需要が高まりました。今ではトスカーナ内外の学校の遠足を受け入れたり、TVの旅番組に取り上げられたり、映画の撮影地になったり……。

現在は村に一つもなくなった宿泊施設を作ろうと計画中ですが、まだまだ時間もお金もかかります。ここまで軌道に乗っても雇用者はまだ一人、発足メンバーやその家族はまだ本業との掛け持ちのボランティアにとどまっています。

それでも空き時間や週末を利用し、その活動を続ける彼らはなんだかんだ言ってとても楽しそう。

行政の担当者や満席のイベントにどうにかして割り込もうとする人への対応だったり、資材の調達や人手不足だったり、問題は山積しています。**真面目に、時には討論にまで発展したりもしますが、楽しそうなことは変わりません。**

いっぽう、私の住む村ではプロローコを中心に、いろいろなイベントが行われています。主役はこの村と周辺でしか生産されない、「レジーナ（＝女王）」と名のついた白桃です。

この桃は第二次世界大戦後にこの地に植えられ始め、芳香と甘味の高さから他地方の市でも要望されるほどポピュラーとなり、農業技術改良にも助けられて拡大の一途を続けていました。いっぽうで一九八〇年代の生産・保存・流通のシステム変更により、一地方の一定時期にしか採れないこの桃はその存在価値を失っていきます。

しかし農業回帰、食の安全性や昔ながらの品種への注目がプロローコの人たちの活動と相まって、近年はこの白桃の再評価が活発になっています。

私が移住した頃は、この白桃の収穫を祝う「九月祭」もぱっとしない地元だけの祭りでしたが、近年の盛り上がりには目を見張るものがあります。フィレンツェや周辺から人が来たり、生産農家や農家当たりの栽培数が右肩あがりになったり、地方ニュースに登場したり。その活動を間近で見てきた身としては嬉しい限りです。

少なからずこの地に愛着を持つようになった私も、自分にできることはないかと考え始めました。

自分のサイトや寄稿しているウェブメディアに記事を書くことから始め、今では日本から観光客の方が来てくださることもあります。そして近郊に住んでいる日本人の友人がこの白桃のファンになり、わざわざ買いに来てくれたりも！

自称「対日おらが村の親善大使」は、これからも活動を続けていきます。

おらが村のプロローコメンバー

九月祭ではレジーナ桃の品評会も行われる

おらが村の中心からすぐにある湖は市民の散歩スポット

8

とにかく残す、不便でも残す、受け継いでゆく

イタリアは世界遺産や文化財の宝庫。ローマのコロッセオ、フィレンツェやミラノのドゥオモなど、観光の定番でもありますね。しかしそんな観光地でなくても、ちょっと気にしてみると何千何百年前のものがあちこちに残っているのに気づきます。

たとえば、フィレンツェに残る城門。イタリア統一後、一八六五年に首都になった時の都市計画で城壁の大部分が撤去されましたが、今も旧市街の端にどどん！と八つの城門が残っています。城壁と一緒に取り払うこともできたはずですが、こうして残せるものはとにかく残す、という精神が徹底されているからでしょう。

フィレンツェでは他にも、かつて馬をつないでおくための鉄の輪っかや松明立てが古い建築物の外壁に見られます。馬の代わりに自転車や車が、松明の代わりに街灯がある現代では、たとえもう必要はないものであっても。

壁に残る面白いものでは、「ワインの穴」もあります。これはかつての法律で、ワイン生産者が少量を直接消費者に販売する場合は税金が免除されたため、そのやりとりをするために誕生。ただ残すだけでなく、ワインの穴・文化協会がフィレンツェやそ

の周辺に残るワインの穴を調査、リストアップして地図を作成します。黒死病が流行った一六三〇年頃に接触が少ないことで重宝されたこの穴を、コロナ禍で再び同じように活用する店が現れてからは後を追う店が続き、今は人気スポットになっています。

残すだけでなく、上手に再活用するイタリア人のファンタジーに唸りました。

他にも刑務所を公営住宅に、修道院をカフェに、映画館を本屋にと、できる限りその歴史を残しながら新しい価値を付加してリノベーションしたものは数え切れず。そこに、**潰して一から作り直すスクラップ&ビルトの概念はありません。**

そんな精神があるゆえに、フィレンツェの旧市街は今だに何百年前の石畳。段差や穴でボコボコなので、ヒールは挟まるわ、つまずいてこけそうになるわ、自転車で走るとその振動でお尻が痛くなるわで大変です。前に舗装工事をしていると思ったら、またもや石畳だったことに驚きました。アスファルトにしてしまったほうが簡単なはずなのに、それをしないのは、なぜでしょう?

それはきっと機能性や利便性よりも、「味気ない」「美しくない」という審美眼が勝ってしまうから。もしくはその歴史やアイデンティティ、住民の愛着などが優先しているからでしょう。そう考えると、イタリアの不便さもちょっと愛おしくなります。

イタリアのあちこちで見られる壁祭壇

再活用されているワインの穴

かつての映画館をリノベーションした本屋・ODEON。観客席は今も自由に座って休憩したり、パソコンで勉強・仕事ができるようになっている。

Personaggi fantastici

第4章

イタリアの愉快な面々

味があって憎めないユニークな人々

1

みんなの癒しの車掌さん

イタリア田舎暮らしでも、車を運転しない私の移動はすべて公共交通機関です。日本だと非常時以外は何もかもが正確に機能しますが、こちらではローカル路線であればあるほど、本数が少ない、車両がボロい、などエピソードには事欠きません。頼みの綱は車掌さん。まったく周ってこない人、ビジネスライクの人、やる気がない人も少なくない中、うちの路線で定期的に見る彼はちょっと特別です。

車両に入ってくると、いつも柔和な笑顔で「ブォンジョルノ！」とまず挨拶。何を聞かれても、笑顔でテキパキと処理。なじみの通勤客には声をかけて、心地良いおしゃべり。検札の際、明らかに無賃乗車の人が切符を探すフリをし続けても、「待ちますよ」と相手が折れるの辛抱強く待っています。

そんな調子なので、**トラブルで乗客がイライラしていても、彼に対応されると怒るに怒れないほど**。全身からいい人オーラが出まくりで、車両全体を穏やかな空気でふわっと包み込んでしまうのです。

彼が担当する電車に乗った日は、それだけでハッピーな一日になりそう！

141 第4章 イタリアの愉快な面々
　　　　味があって憎めないユニークな人々

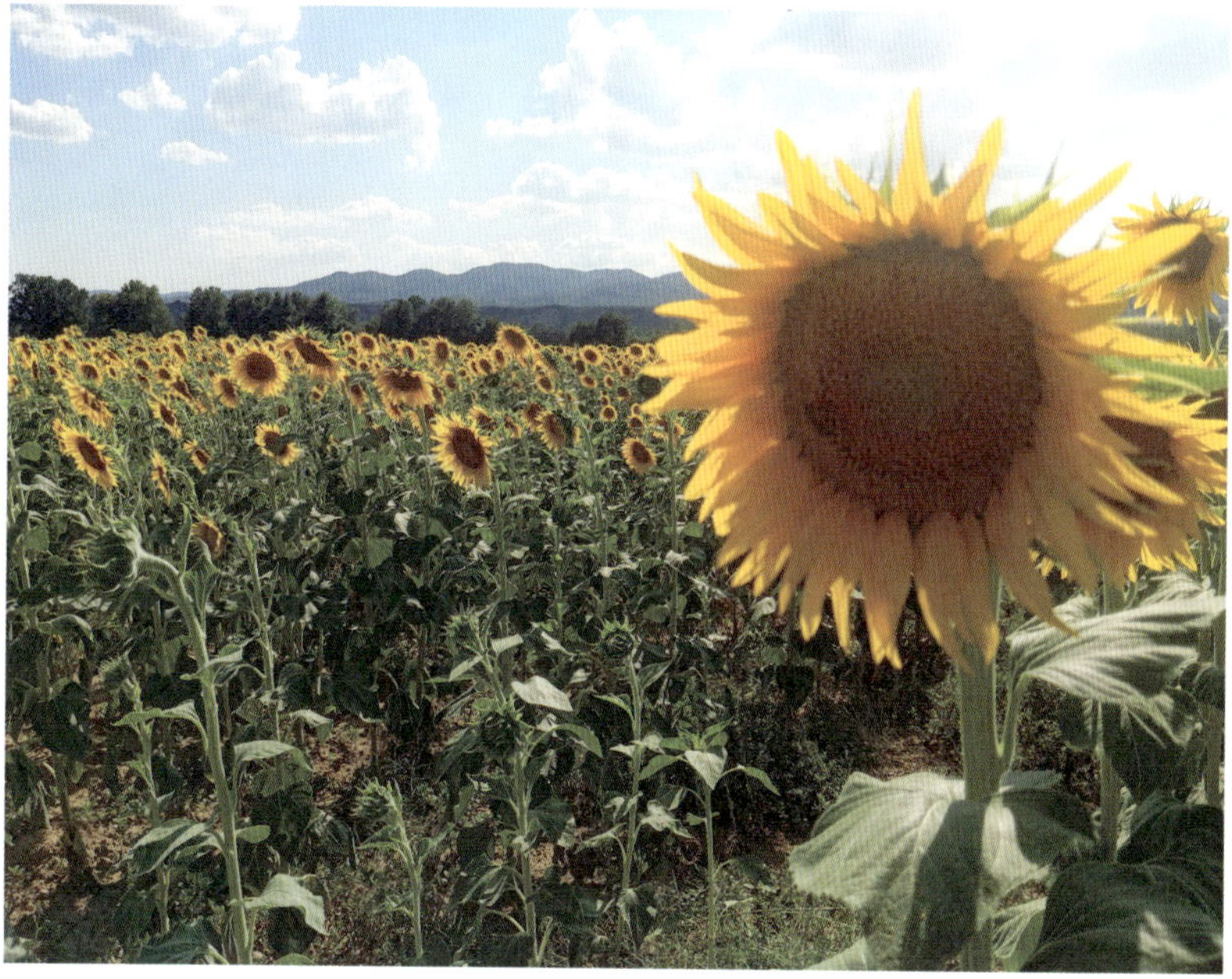

2

捨てる電車あれば拾うバスあり

遅延、故障、回線トラブル……イタリアの公共交通機関、特にローカル路線では日本では考えられないことのオンパレードです。

日常的に使う電車ではそれ以外にも、真夏にクーラーが壊れていたり、暖房が入ったと思ったら効きすぎて汗だくになったり。踏切が閉まらずに足止めを食ったり、ドアが閉まらないまま走り出して次の駅まで超ノロノロ運転だったり……。

何かトラブルがあると鉄道ではどうにもなりませんが、バスの場合は運転手のキャラクターによって思いもよらない展開になることも少なくありません。

「おばあちゃん、ここだったよね？」と、常連客のおばあちゃんにバス停ではないけれど自宅に一番近い場所で降車させてくれる運転手さん。

「終点まで行ったら、戻ってあげるよ」と、居眠りして学校前のバス停で降り遅れた長男を、次の終点まで行って回送にした後に学校まで送り届けてくれた運転手さん。

「フライトは何時？　なんとかなるから座っとけ」と、終点だと思っていた空港のバス停を通過したことに気づいて慌てた友人を落ち着かせ、折り返し運行でなんとかフライトに間に合わせてくれた運転手さん。

そして運転手間での見事な連係プレーもあります。

私が近郊の村のクリニックに行った時のこと。検査が終わると、ちょうどおらが村行きのバスの時刻でした。バス停に走っていく最中に通り過ぎるバスが一台、そしてバス停に着いた時に違うバスがもう一台。それを止め、おらが村に行くかと聞くと、

「今ちょっと前を走ってるバスだよ。追い付いてやるから乗れ！」

お、追い付いてやるから？と頭に？マークをつけたまま乗り込むと、間に入った二台の一般車以外は、絶対に他の車が入らないようにピタリとバスを張り付かせる運転手さん。同じ方向に向かうのは途中まで、道が分かれるまでに追い付けるのかどうか、私も運転手さんも気が気ではありません。

そして次の赤信号で止まった時に、「今だ、行け！」とドアを開ける運転手さん。ダッシュしておらが村行きのバスの前ドアをノックすると、バス停でもないのにドアを開けてくれ、なんとか乗り込んでミッション完了！　後部の窓から後ろの運転手さ

んのウィンクする笑顔を見て、「グラツィエ！」と手を振ったのでした。

もう一つの連係プレーは、義妹宅からバスを乗り継ぎ、ある村の栗祭りへ行く時のことでした。一本目のバスが出発からすでに遅れ、元々タイトだった乗り継ぎ時間にはとうてい間に合いません。こういう時は運転手さんに相談。乗り継ぎのバスの運転手さんに電話して、待っておくように指示してくれることが多いのです。

予定時間よりは遅れたものの、待ってると言われたので乗り継ぎには問題ないはず。しかし、降りたバスターミナルでは空っぽのバスが一台ぽつんと残されているだけ。元のバスの運転手さんに目を向けると、「大丈夫、戻ってくるから」と言い残し、次の運行に出発してしまいました。

田舎のバスターミナルに一人待つこと約一五分。予定出発時刻からは三〇分近くが過ぎた頃、**「いや〜悪い悪い」とのこのこ現れたのは、スーパーの袋とテイクアウトのピッツァの箱を抱えた運転手さんでした。**

私は目的地にさえ着けば遅れても問題ないものの、可哀そうなのは次のバス停で待ちくたびれ、遅刻も確定の高校生たち。「遅刻理由が必要なら、おばちゃんが証人になるよ！」と言いそうになりましたが、こんなトラブルには慣れっこなようでした。

2022 9 24
9:30 138 SIENA-VIA TOZZI
Request stop
FERMATA AUTOBUS / BUS STOP
138 SIENA
SCANIA

3

さよなら、メガネのおっちゃん

「その村、どこにあるの？」フィレンツェ人でも知らない人がいるほど、超マイナーなこの村に引っ越してきたのは二〇〇五年の夏のこと。私たちには当然、この村に知り合いは誰もいませんでした。

村の中心に買物などに出かけると、私にチクチクと突き刺さる視線。これは外国人だからではなく、住民以外の見知らぬ人すべてに向けられると後になって知りますが、アジア人ゆえに特別目につきやすかったのでしょう。頭のてっぺんから足のつま先まで、会う人会う人にじーーーっと見つめられました。

そんな数日が続いた後、チルコロと呼ばれる田舎には必ずある寄合所の前でたむろしているおっさん集団の中から、「キミ、日本人？　最近越してきたの？」と話しかけてきた人がいました。いかにも人懐っこい、メガネをかけた初老のおじさんです。

「ちょっと前まで日本人がいたんだけど、田舎生活になじめなかったみたいでフィレンツェに行っちゃったんだよ〜」

その後にあらゆる人から嫌というほど聞くことになるこのネタを、新入りのアジア人に初めてふってきたのはこのおじさん。彼のおかげで私がイタリア語をしゃべれることがわかって安心したのか、それ以来、黙って見ていた他のおじさんやおばさんが話しかけてくれるようになったのです。

それから妊娠と出産を経て、ますます村になじんだ私たち。それでもチルコロの前で最初と変わらず話しかけてくるのは、決まってこの「メガネのおっちゃん」でした。**シャイな長男がぷっと笑い出すように、通りすがりに脅かしたり、体をくすぐってきたり、頭をグリグリとなでたり、いつもユーモアを欠かしません。**彼の本名を知った後でも、私たちの中ではずっと「メガネのおっちゃん」として親しまれていました。

私たちが移住して一〇年ほどが過ぎた頃、彼の姿をあまり見なくなりました。友人に聞くと、ガンを患ったそう。その後、偶然お店の前で奥さんと歩いていた彼は老いてやせ細っていたけれど、あの人懐っこい笑顔はそのままでした。

その時は、それが彼を見る最後になるとは知る由もなく……。

それからほどなく、村の掲示板で彼の死を知りました。「メガネのおっちゃん」が定着しすぎて誰のことかすぐに理解できなかったけれど、名前の横に村人がつけたニックネーム「モーロ」の文字が。若い頃のフサフサの黒髪からそう名づけられたそうですが、きっと格好良かったんだろうなぁ、モテたんだろうなぁ、と悲しみのなか、一人妄想にふけりました。

田舎暮らしは人との結びつきが強いだけに、たとえそれが他人でも、誰かが亡くなるととても寂しい気持ちになります。なんだか亡くなる人が増えたなぁ、と思ったのも束の間、亡くなる人が増えたのではなく、私たちが村に馴染んで知り合いが多くなったからだ、と気づきました。

たいして知らない人ならこんな沈んだ気持ちにもならないし、訃報の掲示を気に留めることもないでしょう。しかし、**隣に誰が住んでるかわからないような味気ない日常よりは、いなくなった時に寂しい気持ちになろうとも、挨拶や立ち話をするような人がいる日常のほうが、やはり気持ちが良いものです。**

メガネのおっちゃんは真の意味で、私のこの村での生活をスタートさせてくれた恩人。あの笑顔を思い出すだけで、今もほっこりと心が温かくなります。

第4章 イタリアの愉快な面々
味があって憎めないユニークな人々

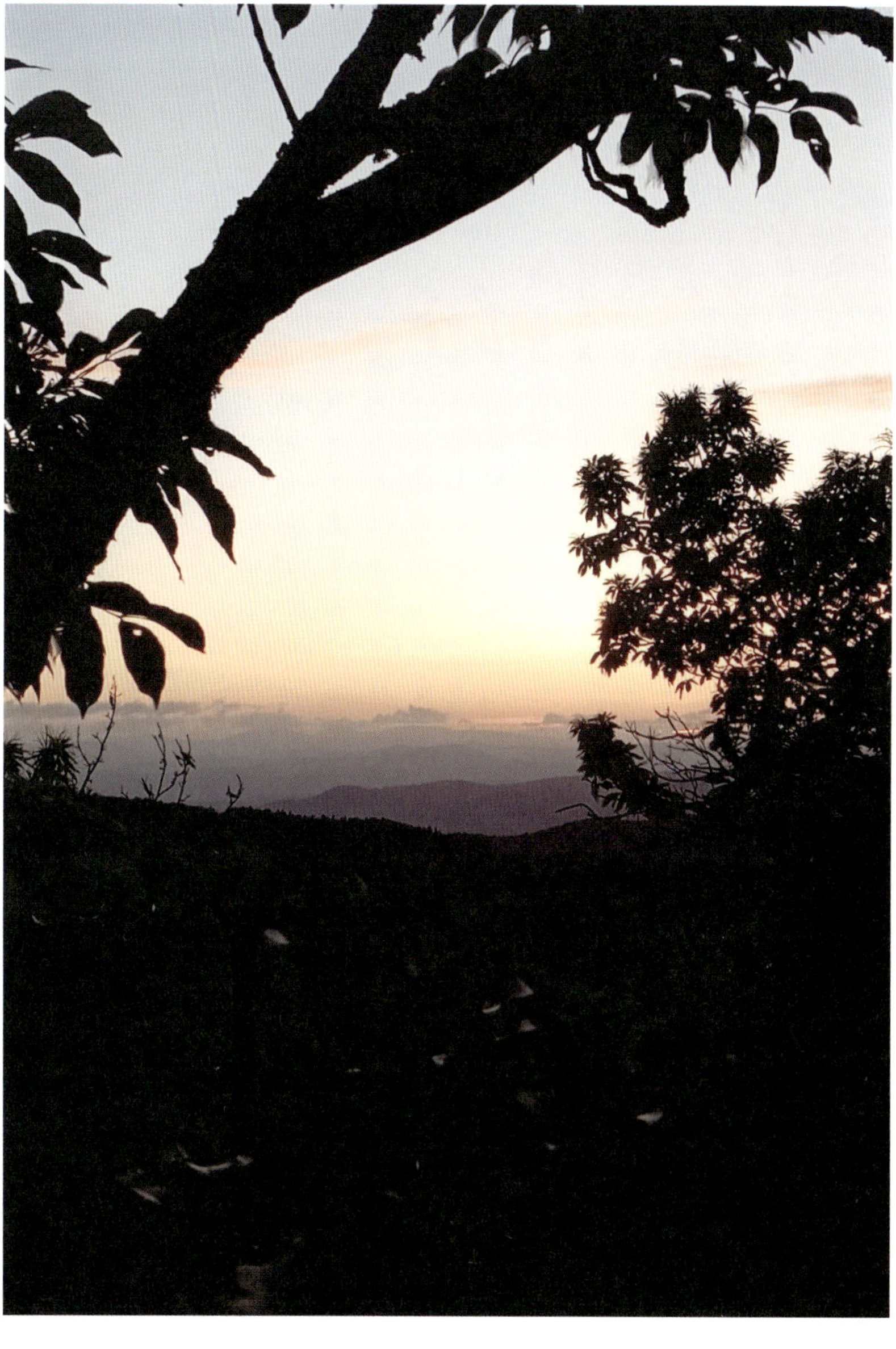

4

誰かジュリアーノを止めてくれ

悪気はないけど、ちょっと困ったちゃん。でもいい人すぎて憎めない。イタリアで知り合った面々は、そんな人々が勢ぞろい。その筆頭が、このジュリアーノです。

彼は以前、定期的にあったビジネス通訳の仕事で知り合った、イタリア企業側の社長さん。実際の仕事は担当者とでしたが、最寄り駅に迎えに来てくれたり、ご飯に連れていってくれたりしていました。小太りなだけで見た目のインパクトはなく、イタリアのおっさんらしいスキンシップが好きなタイプ。いつも私のことをべた褒めで、「ステッリーナ（小さな星ちゃん）」「テゾーロ（宝物ちゃん）」と、恋人や家族に使う甘い呼び名を使ってきます。

とにかくおもてなし精神が旺盛なのですが、それ困る！　いらん！　ということもしばしばです。

日本の取引先と来た時にランチをごちそうになり、最後に「ここのはすごく美味しいから」と、A3くらいあるトレイに山盛りに積まれたプチ生菓子を渡されました。私たち二人はその後、スーツケースを持って電車を乗り継いでミラノへ、翌朝にクライアントさんは日本へ発つ日程なのに……嬉しそうな笑顔に、とりあえずトレイを片手にスーツケースを引いて行きましたが、持ち手もなく不安定で、はっきり言ってめっちゃくちゃ邪魔！　なんとかミラノに到着しましたが、可能な限り食べて残りはホテルに置いていくしかありませんでした。食べ切れる量かせめて焼き菓子にしてほしかった！

それから数年後、コロナもあってこの仕事はなくなったのですが、前書『イタリアの美しい村を歩く』で彼の会社がある村を取り上げるため、取材に行くことになりました。車でしか行けない場所なので、以前「プライベートで来る時も車出すから！」と言われていたため、お言葉に甘えて最寄駅からの送迎をお願いしました。

バスが駅と違う場所に着いたので電話したら、「アモーレ、どこにいるんだい？」とジュリアーノは相変わらず。そして、キョーレツなお土産も相変わらずでした。

取材ではこの地方の特産のタルディーヴォという野菜と発泡ワインのプロセッコを食べる・飲む。家用にプロセッコを一本買いたい、と話すと、それはクミコが買わなくていい、俺に任せとけ！と言います。一ケース（六本）で足りる？　と聞かれ、いやいや一本でいい、うちの家族はそんなに飲まないから、とあれほど言ったのに。野菜もレストランで食べるだけでいいと、あれほど言ったのに……。

取材が終わり、村から駅への帰りの送迎に迎えに来てくれた車に乗り込むと、後部座席に見えるのは二つの大きな袋。嫌な予感は的中しました。**一本でいいとあれほど言ったプロセッコは二本。そしてもう一つの袋は、タルディーヴォが一〇株も！**

この日はまだ初日で、そこからまた電車とバスを乗り継いで違う村に行かなくてはなりません。さらに、一泊二日だからと極力荷物を減らしてトートバッグで来た私。プロセッコ二本とタルディーヴォ一〇株を詰め込むと、トートの持ち手が肩に食い込みます。行きはバスがストライキでタクシーで行ったものの、帰りは最寄りバス停まで行くのに上り坂を含め二〇分以上。足を引きずって歩きました。なんとか家にたどり着きましたが、肩と背中は筋肉痛でバキバキ。ジュリアーノをちょっと恨みました。

しかし、貴重な時間を私の送迎と取材のために使ってくれ、お土産を渡す屈託のないジュリアーノの笑顔を思い出すと、ありがたい気持ちがジワジワと溢れてきます。

太り過ぎ、肩やヒザが悪い、と話していたので、「元気でいてくれないと誰が私の送迎してくれるの」と別れ際に言うと、ほろっと涙目になったジュリアーノ。あれから早二年、「ジュリアーノ、元気かな」とふと思い出してしまう、大事な人です。

5

「アンタ」を祝うフラッシュモブ

年を重ねるにつれ、誕生日は嬉しくないものかもしれません。しかしイタリアでは、多かれ少なかれ、赤ちゃんから年寄りまで、何かしらのお祝いをします。

家族からのおめでとうコールはもちろん、子どもが小さい頃はクラス全員とその親も呼ぶ誕生日会。成人である一八歳では大人っぽく着飾ってのパーティや、親しい友人とピッツェリアでお祝いなど。成長につれ、お祝いの仕方も変わっていきます。

大人になると、特別なお祝いは一〇歳ごとの誕生日。特に盛り上がるのはクアランタ（四〇）、チンクアンタ（五〇）、セッサンタ（六〇）、と四〇以降の数字の語尾が「〜アンタ」になってから。

三〇代まではまだまだ若者感があるものの、四〇代に突入すると、とうとう「アンタ」の仲間入り。人生の第二ステージに突入、まだまだこれから！と、また違う特別感があります。

私の誕生日は夏でいつもバカンス先で迎えるため、パーティはしたことがないのですが、友人たちのアンタの誕生会には何度か参加したことがあります。

遠方はローマのレストラン、大規模なのは百人近い招待客のガーデンパーティ。後者のパーティでは誕生からの成長ビデオまで上映され、五〇になったおっさんを「うちのバンビーノ（小さい子ども）可愛いでしょ！」と高齢のマンマが感極まるなど、イタリアらしさも全開です。


そして今年は、おらが村の地域プロモーション協会の会長である友、イラリアの五〇歳の誕生日がありました。その日は村一番の名産品、女王と名がついた白桃の収穫を祝う九月祭の最終日。そこで仲の良い有志で、サプライズを企画したのです。

場所は祭り最後のイベント、音楽ライブ後の舞台。タイミングは市長がイラリアを舞台に呼び、祭りの総括をする時。突然音楽が流れて市長は彼女に五〇歳おめでとうのタスキをかけ、「AUGURI♡50♡（五〇歳おめでとう）」が一文字ずつ描かれた白のTシャツを着た私たちが登場。舞台前に一列に並び、マンマ・ミーアの音楽と共にダンスし、二番からは観衆も巻き込むフラッシュモブ仕立てにする、という流れです。

案がまとまったら参加者でグループチャットを作り、イラリアにバレないように夜に集まってTシャツや彼女の家族が持つ横断幕の作成。知人のダンスの先生に振付してもらったビデオで自習し、夜に全体練習すること三回。その時も、あーでもない、こーでもない、と汗だくでおしゃべりを炸裂させながら、アラフィフの一〇人で頑張りました。

当日は、時間になっても市長がいないなどプチハプニングはありつつも、舞台に一人残されて、一連のダンスと祝福の声を浴びたイラリアは爆笑しながら感涙。そしてサプライズダンスだったのにもかかわらず、下は小学低学年の子から上は七〇代の男女まで飛び入り参加してくれて、それはそれは大成功に終わったのでした。

正直なところ、ダンスはほとんどそろってないし、私も含め間違える人もいました。しかし、**イタリア人がすごいのは、「よかったよね！」「楽しかったよね！」「またやろう！」とポジティブな発言しかしないこと。「あれはこうしたほうがよかった」「間違えてごめん」などは、誰も口にしないのです。**

反省がない、と言われればそれまでのこと。でも競技大会でもないのだから、細かいことで水を差すよりも、ノリでめいっぱい楽しむのが一番大事！

動画がグループチャットに投稿された時も、「私らめっちゃイケてる！」「最高！」と賞賛の嵐。自画自賛と自己肯定感についてもピカイチなのです。

BUON
50

味があって憎めないユニークな人々
159　第4章　イタリアの愉快な面々

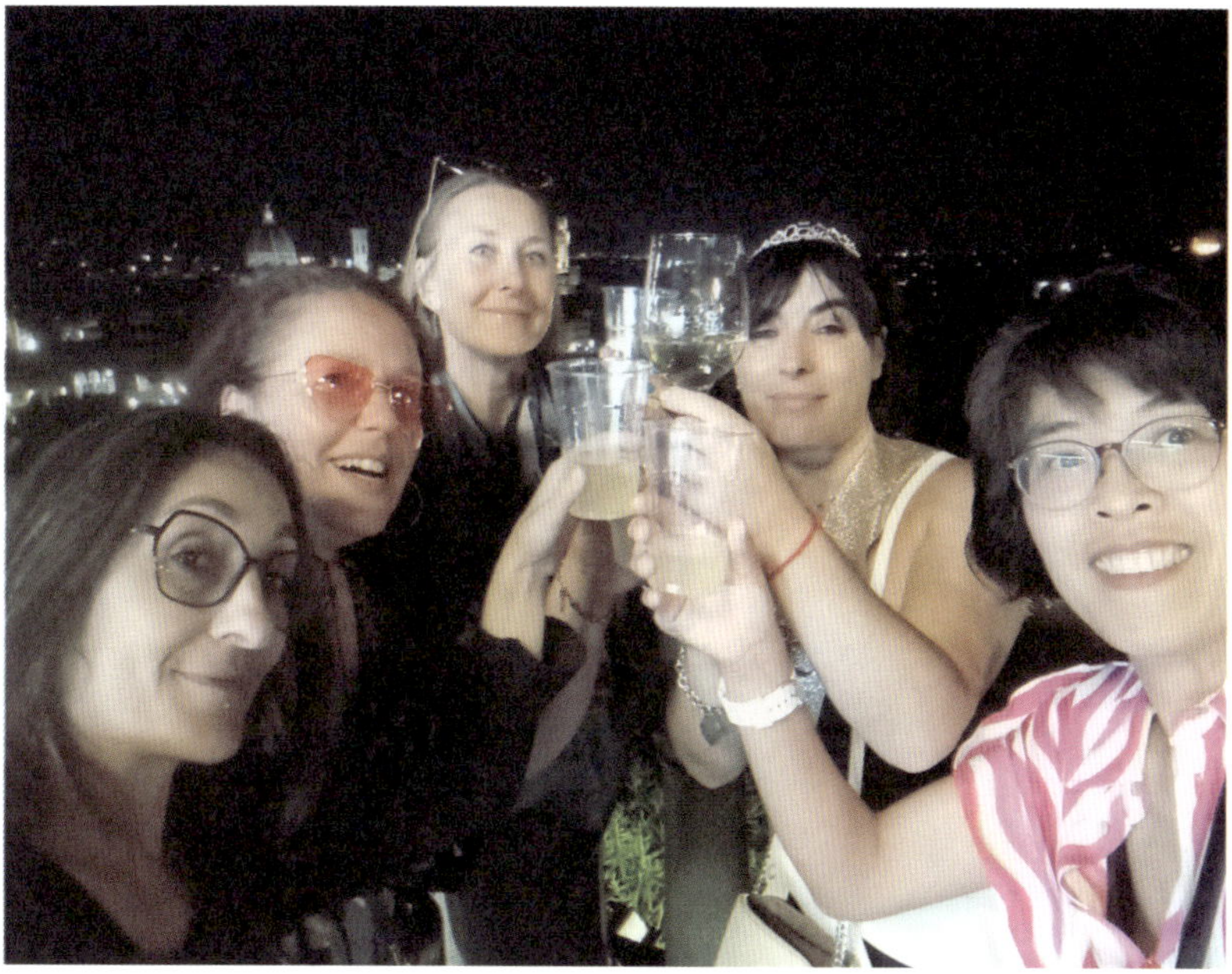

6

身近にゴロゴロ？ 貴族の格を持つ人々

私が住む村には、オリーブオイルの搾油所があります。庭に一本だけある木から五キロほどの実が採れるようになり、隣人に相談すると「マルケジーナが自分とこのオリーブに混ぜて搾油して、重量比でオイルを分けてくれるよ」と教えてくれました。

このマルケジーナは名前かと思いきや、マルケーゼ＝侯爵の称号を持っていた家系の女性の愛称でした。こ、侯爵？ かつて貴族という階級があったのは知っていましたが、自分とは遠い世界の話かと思いきや、こんなに身近に存在するなんて！

マルケジーナはグレーのおかっぱヘアに、毛玉のついたセーターとムートンを着た、いかにも農家のおばあちゃんでした。勝手に高貴な妄想をしていた私は拍子抜け。

しかし、彼女の自宅は村の中心広場にある大きなお屋敷。そして、高齢なのに鋭さと温かさを持つまなざしで仕事に励む様子に、そこはかとない風格を感じたのです。

次に会った元貴族はバロネッサ＝女爵。トスカーナの建築関連の連載記事の取材に行った、歴史的建造物をリノベーションしたモダンなホテルのオーナーです。

日本の華族同様、イタリアの貴族制度も戦後に廃止されているものの、所有不動産を活用してホテルやワイナリーを経営しているために、裕福な貴族のイメージにかなり近い彼女。それでも私を温かくもてなし、気さくに話を聞かせてくれました。

そして元貴族は、友達の中にも存在しました。モデナで伝統的バルサミコ酢の醸造を行う、日本人としては唯一のバルサミコ酢A級鑑定士です。初めてのモデナ郊外のお宅を訪問すると、立派なお屋敷には家紋まで。もしかして元貴族？　それもそのはず、かつてモデナでのバルサミコ酢の醸造というのは、貴族の趣味だったのですから！

コンテ＝伯爵の称号を持っていた家の長男に嫁ぎ、バルサミコ酢作りをご主人と継承することを決めた彼女。お屋敷も大きいし、そんなストーリーを聞くだけでまた勝手な妄想をしてしまうのですが、お抱えの使用人がいた昔とは訳が違います。作業着でブドウ絞りをする姿、輸出するために自家用車で輸送会社倉庫まで奔走する姿、理不尽で難解な制度や事務作業に嘆く姿。そこに華やかな「貴族」の面影はありません。

近年、旅の仕事で知り合ったアンナマリアもその一人。家族代々の邸宅を宿泊施設にし、宿泊客に邸宅ツアーを行っています。貴族だったの？と私が尋ねると、

「それはね、口で言うことではなくて、ふるまいに表れるものなのよ」

貴族の格があろうがなかろうが、一人の人間として素敵な人たちばかりです。

7

コロナ禍で生まれた自分だけの楽園

コロナから四年。今まで経験したことがないような非常事態に、人生や価値観が変わった人も少なくないのではないでしょうか？

イタリアでは住居する市内で必要最低限の外出しか許されない、いわゆるロックダウンが二か月も続きました。私もかつてないほど毎日二四時間家族と一緒に過ごし、またリアル仕事はゼロになり、いろいろと考える日々を過ごしました。

その裏で、人口一八〇〇人でほとんどが顔見知りというこの村で、ある一人の女性が面白い方向へ人生の舵を切っていたとは、当時は知る由もありませんでした。

アンナはフィレンツェ出身。今彼女が住んでいる家は、司教区管理だった元教会と付属の建物でした。彼女の両親が結婚前にここに魅せられ、買い取ってリフォームして別荘に。アンナも幼少からここに慣れ親しんできました。しかし彼女が結婚して海外生活をしていた間、リタイアしてここに住んでいた両親が、その不便さからフィレンツェに引っ越すため、この家を売りに出そう決めてしまいました。

するとアンナは、この家を手放したくない！と単身でここに戻ってきます。

その後まもなく、コロナ禍に突入。まだ住民登録をしていなかった彼女には市からマスクが支給されず、マスクなしでは村に買物にも行けない状況になりました。


しかし、**ここからの彼女の頭の切り替えと行動がすごい**のです。

「なければ、自分で作ればいいんじゃない？」

元々やっていた畑に加え、庭にあるもので何かできるんじゃない？と足りないものをオンラインショッピングで買い足し、体を洗うソープや掃除のための洗剤まで手作りを始めます。その知識は前から持っていたの？と聞くと、自分で調べまくってやっていくうちにどんどんハマっちゃったの！と嬉しそうに答えます。


そんな彼女が実践するのは、一九七〇年代にオーストラリアの大学教授により提唱された「パーマカルチャー」。パーマネント（永続性）、アグリカルチャー（農業）、カルチャー（文化）を組み合わせた造語で、三つの原理と一二の原則から成り立ちます。

実際にやっていることを聞くと、自然にあるものだけを使って生態系を壊さずに土壌を作る。雨水を貯め、それを使い切るまたは循環させる。それぞれの植物の特性を生かし、生態系に負荷をかけずに良い循環を生み出す、などなど。

「乾燥に弱い植物の周りには、繁殖力の強いミントを茂らせて影を作るのよ」

彼女に案内されて庭を歩いてみると、どこが雑草でどこが植えたものなのか素人の私にはわかりません。ここはトライ&エラーを繰り返し、最適解を見出しながら作った、彼女だけの唯一無二の楽園です。

夏に満開を迎えるラベンダーは収穫して精油や芳香蒸留水に。秋のオリーブからとれるオイルは、食用で余った前年度分をソープやクリームの原料に。彼女の本業は、パリの研究機関でのリモートワークですが、「まだまだ時間が足りないの！」と、それ以外の時間はすべて、敷地内のケアや製品づくりに没頭しているそう。


数か国語を操る彼女は、ＷＷＯＯＦ（有機ファームステイ）のホストでもあり、国際交流も楽しんでいます。日本人が来ると私をお茶に誘ってくれるのですが、私たちが日本語を話すと口元を見ながら同じ言葉を繰り返し、「今のどういう意味？　発音が可愛い！」と子どものように目をキラキラさせるアンナ。**好奇心とほんの少しの行動力で人生はいつからでも変えられる。**彼女を見るたび、いつもそう思わされます。

第4章 **イタリアの愉快な面々**
味があって憎めないユニークな人々

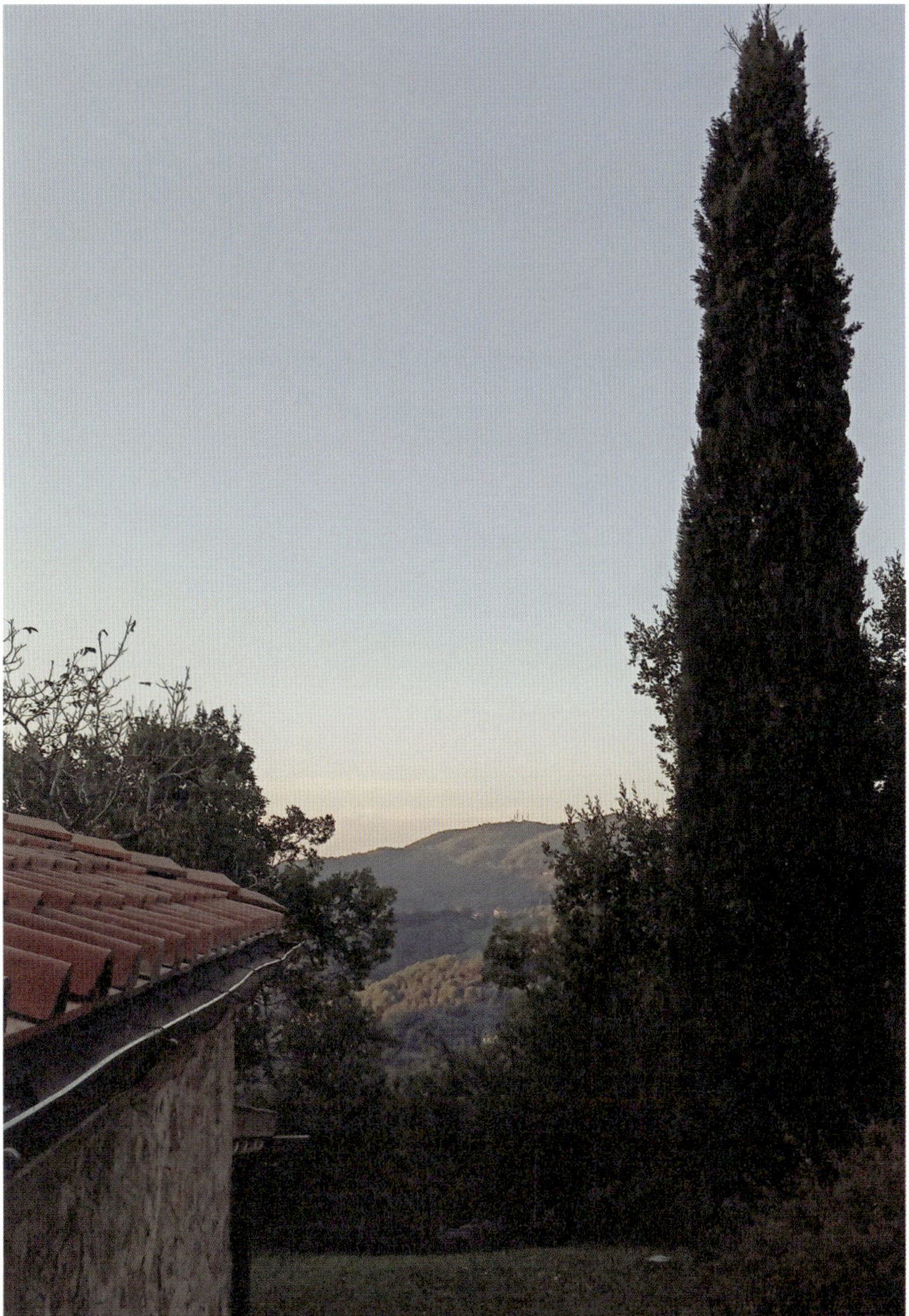

Arte di arrangiarsi

第5章

イタリアでやっていくための処世術

うまくいかなくても笑いに変えるスピリット

1

予定は未定、がうまくいく

電車の時間、営業時間、アポイント……決められた通りに何もかもがつつがなく進んでいく日本社会。何もかもがきっちりとした枠組みの中で行われる日本に、かつて私は一種の窮屈さを感じていました。しかし、その対極であるイタリアに長年暮らすとそれが懐かしく、「足して2で割ってほしい」と思わざるを得ません。

通訳の仕事ではコーディネートも一緒に受けることが多いですが、そっちのほうが通訳よりも大変だったりします。日本から来られる方はフライトやホテルの予約もあるので、できるだけ早くアポイントを確定させたいのですが、それと正反対なのがイタリア人。ウフィツィ美術館の館長など、優秀な秘書チームが存在する人物が相手なら問題ないのですが、一般的にかなり先のアポは嫌がられることが多いです。

その理由について聞くと、**「そんな先に何があるかわからないじゃない？」「先すぎて忘れちゃうよ」**。最初に聞いた時は目から鱗でした。「スケジュール帳に書いておけばいいじゃない」と言っても、「何かあった時に変更するほうが面倒」と言います。

確かにいくら先にお膳立てをしても、ガラガラと音を立てて崩れていくのがイタリア社会。電車の遅延やストライキ、アポの失念、突然のトラブル。**こんなんでよく社会が回ってるな？ と関心するくらい、予想もしないことが起こります。**それゆえ、予定をきっちり立てるのが無駄にさえ思えてきます。

そうならないための方策は「日本流とイタリア流を使い分ける」こと。

日本人的に予定はしっかり立てますが、それがその通りに進まないことを仮定して、代案を立てておきます。こうなったらこうする、それがダメなら……とイメージしておくと、精神的ダメージも少なく、対処できることが多いです。

今まで一番衝撃的だったのは、一六〜一七世紀の画家カラヴァッジョの専門家へのインタビューのアポイント。日本人記者のローマ滞在日程を伝え、「その頃には旅行先から帰ってますので」とアポを取ったにもかかわらず、記者の方がすでに日本を発ったその日に「旅行が延長になったので五日後にして」と衝撃の電話がかかってきました。

五日後では次の取材先に移動するので、なんとか四日後の移動日の午前にアポを入

14

れ、無事にインタビューは終了。しかし話が充実しすぎて移動の電車の時間はギリギリに。「もっとゆっくりしていけばいいのにぃ」と屈託なく言う専門家に、「お前が言うな！」とツッコミたい衝動を抑えつつ、ローマの町を猛ダッシュしたのでした。

そして直近では、出張中に泊めてもらった友人と、帰宅前の一日を使ってある村へ遊びに行こうと計画した時のこと。乗り換え駅までは順調にいったものの、その駅では人があふれ、右往左往しています。駅員に話を聞くと、ミラノ近辺で回線障害のために一区間が通行止め、遅延や欠便が多発しているそう。彼に相談すると、次の電車で終点の町まで行き、駅を出て左のバスターミナルから到着後すぐにその村行のバスがあるから！と教えてくれたので、意気揚々とその電車に乗りました。

しかし、ホントにバスあるのかな〜と抱いていた不安は的中し、バスはあれどその村は通らないと判明。さて、どうする⁉　せっかくだから、名は聞いたことあれど初めて来たこの町を楽しもう！　この町に住む友人の日本人にも会え、美味しいものを食べ、トスカーナとは雰囲気がまったく違う国境沿いの町を満喫しました。

予定が変わったのはどうにもできない。その中でできることを楽しむ！が一番です。

スイスとの国境の町、ドモドッソラ

2

イタリア人を巻き込むのは吉か凶か？

イタリア人は基本的に優しい。困っている人を放っておけない性格です。最初はありがたいと同時に申し訳なくなることもありましたが、在住年数が長くなるにつれ、そのイタリア人の性格に上手に甘えることも覚えました。第4章で紹介したジュリアーノしかり、バスの運転手さんたちしかり。

しかし、助けられないことを知りながらも助けようとしてくれる困ったちゃんや、間違った情報を口にする困ったちゃんも。そんな体験を何度も経て、三人くらいに聞いて全員か過半数が言うことが正解、という保身術もマスターしました。

一人目が知らない場合でも、近くの知り合いに聞いてくれることも多々あり。三人寄れば文殊の知恵、とはよく言ったもので、誰かから答えが出てきたりもします。

ただそうでない場合は、迷宮入りしてしまうのも注意したいところ。

かつて日本大使館に子ども向けの日本の教科書を送ってもらう際、返送用の切手をまず送らなければいけませんでした。しかし同額の切手が存在しないため、いろんな額の切手を組み合わせる必要があったのですが、郵便局の窓口で計算が苦手な係員に当たってしまったらもう最後。

まずは隣の窓口の人に助けを求めます。あーでもない、こーでもない、と終わらない二人。すると後ろにいた別の係員に声をかけ、またあーでもない、こーでもない。他の窓口に並ぶ人は放ったらかしで、郵便局が一時的に機能停止という事態にまで発展し、思わず「私がやるから切手ファイルちょうだい」と言いそうになりました。

また、ある美術館への取材をコーディネート中の時のこと。担当学芸員にメールをしても返事がなく、電話しても席外しや出勤日でないことが多くて困り果てていました。ちなみにイタリアでは、折り返し電話という習慣は存在しません。

「どうしたの？　用件は何？」と、何度も電話してくる私を不憫に思ったのか、受付の女性が聞いてきました。「担当者か館長に私が聞いておいてあげるから、二日後に私に電話して」と言ってくれたのです。今までの経験上100％は信じられなかったものの、その任せて！っぷりに、かなり期待をしていました。それなのに……。

二日後に電話すると別の女性が出たので彼女を呼び出すと、電話口の後ろから、ごにょごにょと何か声がします。すると「今は席はずしてます」。いや、後ろにいるのは絶対にこないだの女性。私に任せて！　とかエエかっこするな！　都合が悪くなると居留守を使うのやめろ！　というこのパターンも、何度経験したことでしょう。

結局この学芸員の代わりに、今は引退した元文化景観財管理局長官へ白羽の矢が当たりました。検索をかけてコンサルタントをしているアソシエーションに電話するも今はここも引退しているため、現在かかわりがあるという違う美術機関の秘書を紹介してもらいます。そして秘書に電話すると、なんと「僕からの紹介だと言って電話したらいいよ」と、元長官の携帯電話番号を教えてくれるではありませんか。

知らない番号からの電話に最初は疑心暗鬼だった元長官ですが、秘書の名前を出すと態度が一変。無事に、取材を受けてくれることになりました。

イタリアで人を巻き込むことは、ちょっとした博打みたいなもの。奇跡的な展開で万事が解決する時もあれば、問題が大きくなって収集がつかなくなる時もあります。

それでも人を助けたい、なんとかしてあげたい、と思って行動してくれるんだと信じることにして、「チッ、今回ははずしちゃったな」と流して平静を保っています。

179　第5章　イタリアでやっていくための処世術
　　　　うまくいかなくても笑いに変えるスピリット

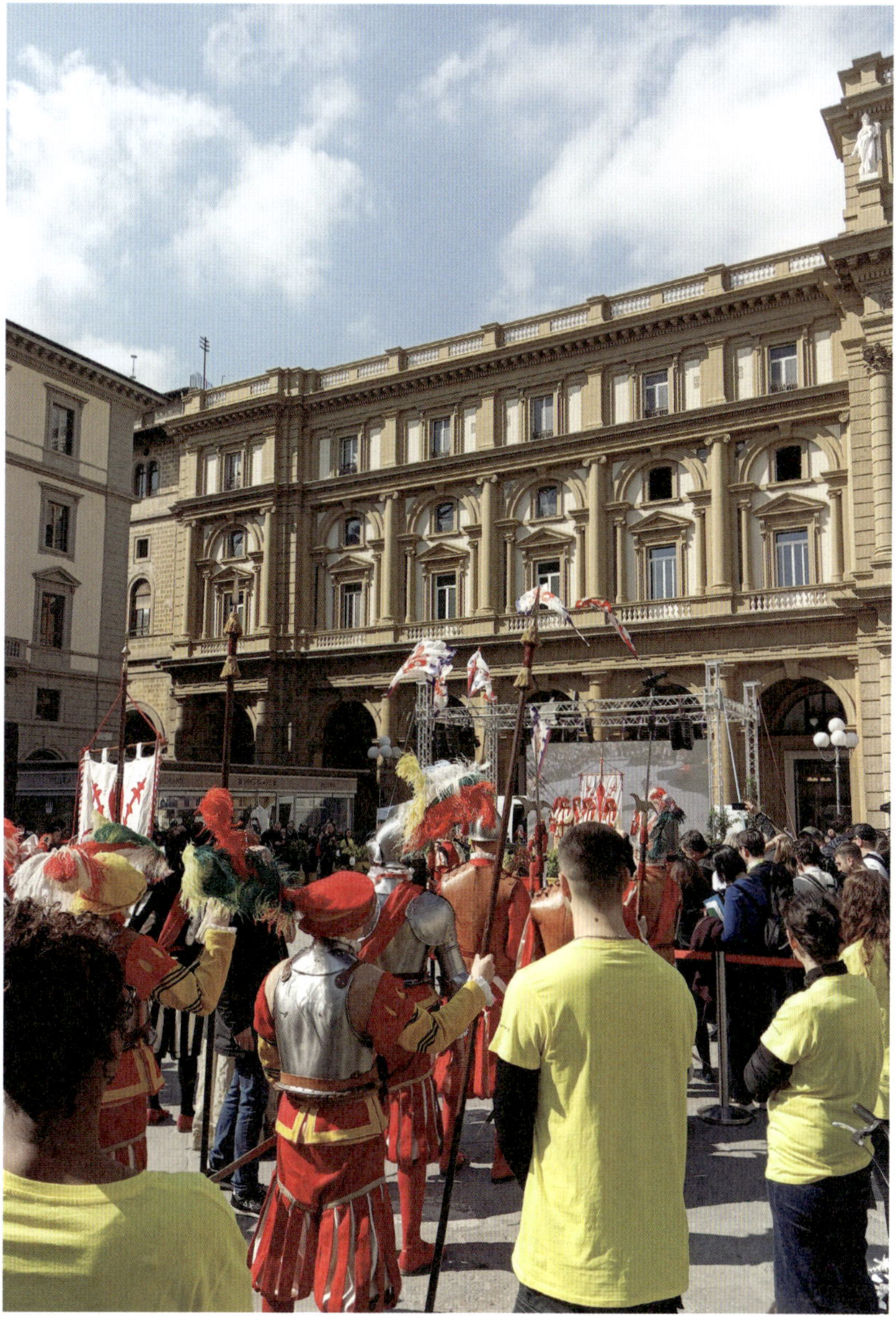

3

やっぱり人づてが安心で最強

イタリアはコネ社会である、とよく言われます。

コネで就職が決まるとか、警察に知り合いがいれば滞在許可証が簡単にもらえるとか、話は聞けど私個人ではそんな恩恵を授かったことはありません。

しかし、**人間関係を大事にする、困っている人を放っておけない、イタリア人のこうした性格から、人づてでやるとスムーズにいくことが多いのは確かです。**

ファッション業界の通訳をほぼ専業でやっていた時、年に二回はイタリア全土にまたがる得意先訪問があり、その中にナポリの会社もありました。ここで困るのは、タクシーにぼったくられたり、とんでもなく荒い運転にあうこと。言葉ができたとて関係ありません。逆に「裏道を使って早く行ってあげたから」など後で都合の良いことを言って料金をあげてきたりもするのです。マフィアがバックについてるかも、と思うと怖くて強くも出られません。

そんな時に、フィレンツェで長年お世話になっているハイヤー運転手で友人のジョヴァンニに「ナポリで知ってる同業者いない？」と聞くと、一人知ってる！と紹介してくれました。彼に連絡すると「ジョヴァンニの紹介なら悪いことはしないよ」と言った通り、時間は正確で安全運転、見積もり通りの料金どころか、多少時間が過ぎてもサービスしてくれるなど、良いことだらけでした。

また最近多いバレーボールの仕事で、女子の強いイタリアクラブ2チームに取材申込をする時のこと。一つは公式サイトに広報担当のメールアドレスがない、もう一つは担当者名さえもないので、すでに付き合いのある別チームの広報に聞いてみると、両方の担当者名と携帯番号を教えてくれました。「メールじゃなくて携帯番号に連絡してもいいの？」と聞くと、「問題ないでしょ」と。

実際、その彼からの紹介だと断ってからチャットメッセージを送ると、すんなりと対応してくれました。まさに人づきあい様々！

こんなふうに、困ったらすぐに「誰か知らない？」と聞き回る私。その代わり、紹介して良かったと思ってもらえたり、自分が紹介した時には相手から「クミコの紹介なら」と言ってもらえればいい。そんな信頼関係を大事にしたいと思います。

PALA BARTON
barton energy

4

イタリアはしゃべってなんぼ、の国である

「イタリアは昔から修辞学の国、良くも悪くも話すことに重きを置く国なんです」

これは長男が中二の時、担任との面談で言われた言葉です。小学校からずっと、授業中にあてられた時や発表でも採点があり、中学・高校・大学の卒業資格試験では教授に囲まれての口頭試験があるイタリア。

内気で口下手な長男は、小学校からずっと苦労してきました。勉強して知識はあるのに、緊張して詰まったり、言いたいことの半分も言えない。逆に知識は少なくともうまく話せる人が優位になってしまうことも少なくありません。

コメディアン張りのトークの達人や、屁理屈の天才も此処かしこに。そんなイタリア人に笑わせられたり翻弄されるたびに、**「さすがに幼少から口頭試験で鍛え上げられただけはある！」**と、妙に納得してしまうのです。

日本ではおしゃべり認定される私も、ここでは凡人レベル。今でこそ会話に参加したり、自分の話を聞いてもらうこともできますが、話をかぶせられたり、ツッコミがスルーされたりするのも日常茶飯事です。

移住してすぐの頃は、ＴＶの討論番組に衝撃を受けました。紳士淑女なはずの立派な肩書を持つ人たちが言葉をかぶせまくって持論を展開し、「まずは俺の話を聞け」「そういうお前が先にかぶってきた」と、幼稚園児のようなケンカが繰り広げられるのですから……。

しかし逆に、ここぞという時だけに本質をつく発言をすると、おおっ！と聞いてもらいやすかったりも。落ち着いて話せる人も、もちろん存在します。

しかし「しゃべってなんぼ」のこの国で、通訳の仕事は過酷。語学力と同等に必要なスキルは、機関銃のようにしゃべり続けるイタリア人を止めること。昔は躊躇していましたが、訳がついていかなくなるほうが通訳として失格です。

今ではまず相手の目を見てにっこり。それでも気づかない場合は手で合図。それでもダメなら「ここで一度訳入れしますね」と言うと、向こうも「もちろん！」「ごめん、しゃべりすぎたね」と自覚してその後も気にしてくれるので、一気に楽になることもあります。お構いなしの人もいるけれど……。

とにかく話が長いイタリア人との通訳で、食事に誘われるとさらにクタクタでエンドレス。給料を倍にしてくれ！と思ったのは一度や二度ではありません。

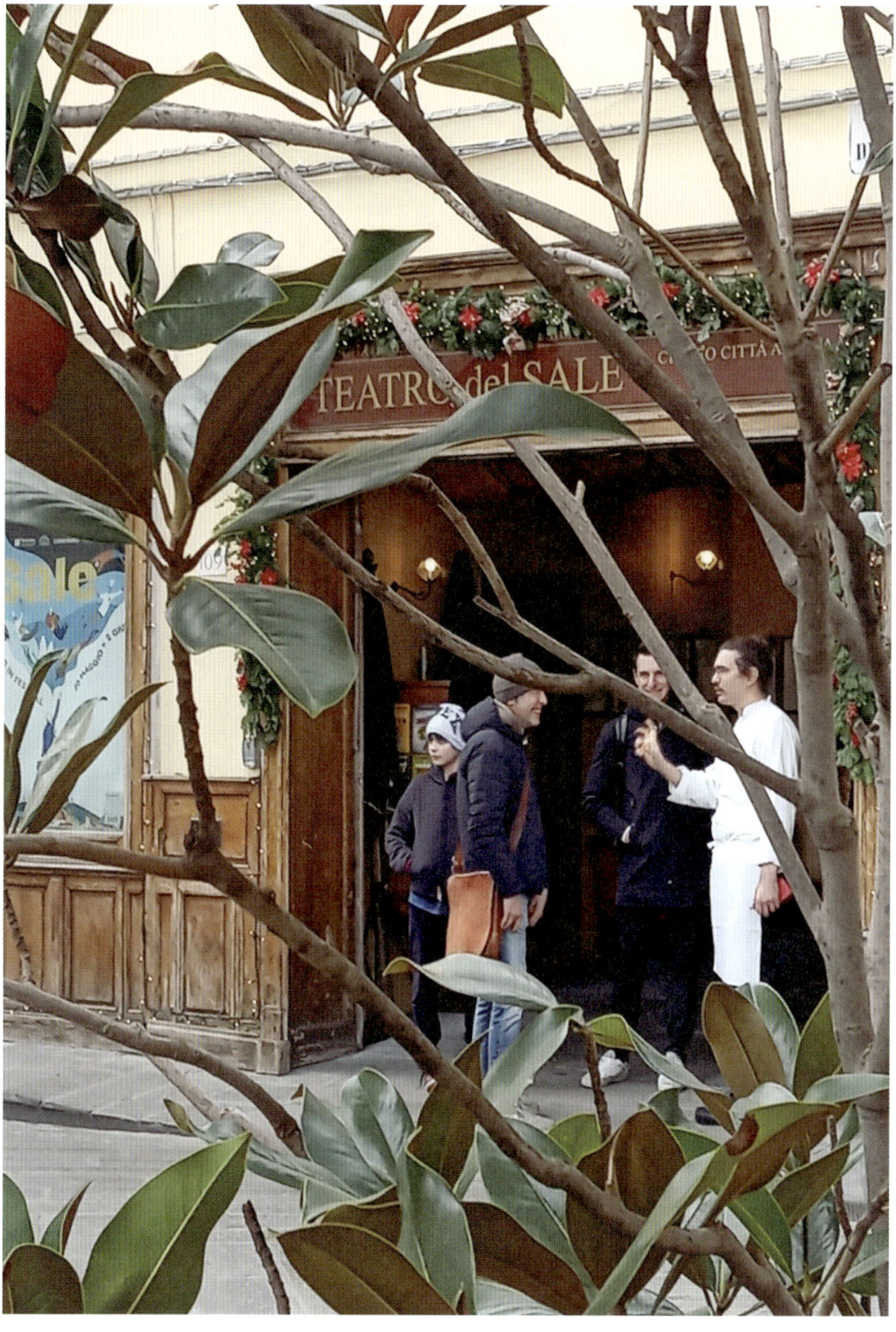
TEATRO del SALE

5

イタリア人は証拠に弱い

弁のたつイタリア人に主張したり交渉するのはかなり骨を折ります。そんな時に有効なのが、証拠を見せること。イタリア人は話すのが好き。近年はチャットが多いので証拠が残しやすいですが、**言った、聞いてないの争いでは勝ち目はありません。**それゆえに大事なことはメールで残す、スクリーンショットを撮影する、印刷して持っていく。これが絶大な効果を示すとわかったのが、悪名高き移民局での出来事です。

無期限の滞在許可証の申請の際、膨大な書類を揃えて移民局へ向かいました。当時は番号札もなく、屋外でひたすら待つのみ。暴言を吐きながら移民をあしらう警官。一つしか空いてない窓口の横でカッフェ片手におしゃべりする職員たち。怒りと虚しさと二月の厳しい寒さに耐えながら約三時間。やっと私の番になり、窓口の差込口に提出物を押し込みます。職員の女性がパラパラと見るのを緊張しながら待っていると、「〇〇が足りないから出直しね」と書類を戻そうとするではありませんか。

当時はまだ初心な私もブチ切れました。とっさに差込口を片手で抑えて書類を突っぱね、もう片方の手で窓口のガラスに押し付けたのは、移民局が出している必要書類リスト。それでも「本当は必要だ」「書いてないのはおかしい」と屁理屈を並べる女性職員。怒りで興奮しすぎて自分がどう反論したかは覚えていませんが、最後はこの書類をめぐる攻防に勝利！　ロッキーの勝利の音楽が頭の中で流れました。

それからは常に証拠を残し、必要な時は「ここに書いてますけど？」と意気揚々に証拠を突き付けます。しかしそんなやり取りも、エネルギーの消耗でどっと疲れるもの。証拠は準備つつも、できるだけ回避を試みるのがさらなる進化でした。

近年のICチップ入り滞在許可証への変更手続きでは、日本人友と情報交換し「まだ現場まで手続きの情報が回ってないから様子見よう」「○○ちゃんは行ったからOKだろう」と職員がやり慣れてきたタイミングを計る。リストになくても言われそうな書類も準備する。予約したのに門前払いされても人によって言うことが違うので、人が交代したら再チャレンジ。ゲーム感覚で障壁をクリアしていきます。

最後に窓口で「パスポートのコピーがない」と言う職員。ここで証拠の出番！　移民局からのメールを突き出し「それでも必要なら、そのコピー機でして頂けます？」

ドヤ顔の日本人を煙たがるように目をそらして半券を出され、受付は終了。昔のような勝利感がなく少しがっかりする私は、どんどんたくましくなっているようです。

MACELLERIA
di CATERINI GIORGIO
PANINI TOSCANI
PANINI CALDI

6

振り回されずにミッションを達成するための5か条

約束を忘れられるのって、辛いですよね。悪気はなくともイタリアでは、時々あることです。最初は怒ったり落ち込んだりしましたが、悪い気分になるだけ自分が損。予防線を張り、最小限の被害で済ませるように心がけています。

予防策その1は、返事や納品が必要な日を正直に言わず、何日か前に設定しておくこと。その日に返事が来なくても翌日に催促し、まだ来なければまた催促。そのくらいでやっと本当の納期に間に合います。予防策その2は、前日や当日の朝に確認の電話やメッセージを入れること。それでもたまに忘れられますが、どうしようもないので、あの手この手を尽くしてミッションを達成することだけに注力します。

建築系ウェブメディアへの寄稿記事で、フィレンツェのある施設を取り上げるため、担当の建築家の方に質問メールを送りました。返事がないので電話すると「僕は古いタイプの人間なのでメールより会って話そう」。アポまで日があったので前日には電話を入れ、それでは明日！ということだったんです。アポの二〇時間前までは。

約束のカフェで待つこと五分。イタリアで五分は遅刻に入りません。そして一〇分たち、怪しいと思いつつもう少し我慢。一五分経った頃にさすがに業を煮やし、「今日のアポは一二時とのことだったので、カフェで待ってるんですが」と電話を入れると「忘れてた！」。ドン引きしつつも、ここで、さまざまな経験から編み出した「イタリア人に振り回されずにミッションを達成するための5か条」の出番です。

5か条のその1、冷静を保つ

こっちが動揺すると良いことはありません。「今すぐ行けない、どうしよう」という建築家に、「なんとかせぇよ！」と心の中でツッコミつつ、「郊外からこのアポのためだけに出てきたんですけれど」と嫌味もサラリ。

5か条その2、その状況で何ができるかを考える

せっかくフィレンツェまで来て一日を無駄にしたくなかったので、今日中に会えるように粘ろうと作戦変更。すると「今カルミネ広場にいるんだけど」と言うので、「日を改めたくないので待ちますよ」と答えると、「あ、それか今この電話で話をしようか！」と、名案と言わんばかりにいけしゃあしゃあと言ってきます。

5か条その3、問題の原点に帰り、理詰めで交渉する

「それならフィレンツェまで来なくてもよかったんですけど。会って話そうって言ったのはあなたですよね」。イタリア人は自分が悪いことをよく忘れるので、それを思い出させてあげましょう。怒りに任せて言うと興奮しかねないので、冷静に淡々と話すほうが効果的。「待ちますよ」と少し譲歩するのもポイントです。

「ごもっともだね、じゃあ一時間後に同じ場所で」。こうして再度アポをとりつけました。しかし、ランチをしているのに時間より早く呼び出されたり、食べ終わってから行ったら今度は向こうがエスプレッソを飲みに行っていていなかったり、まだまだツッコミどころ満載でしたが、無事にインタビューの運びとなりました。

5か条その4、いろいろあっても後は濁さない

最初の印象通り建築家の話は面白いし、写真撮影や貸し出しにも協力的。一日ほんとに大変でしたが、最後まで粘って対面インタビューにこぎつけたのは、大正解でした。笑顔でお礼を言って、お互いに気分良く終わることができたのでした。

5か条その5、さっさと忘れるかネタにする

なんとかミッションを達成をしても、後味が悪ければさっさと忘れるに限ります。

逆に思い出してぷっと笑えるところがあれば、ブログやSNSの格好のネタとして、書いて笑いに昇華します。

ブログどころか、この本にも書いちゃいました！　最高のネタをありがとう!!

Non prendersela troppo

第6章

イタリアで見つけた気負わない生き方

どうせなら人生は楽しんだもの勝ち

1

自分で選んだことに腹をくくる

これだけ大変なことがあって、よくイタリアに住んでるね？

今までに何度も友人たちにこう言われました。この本を読んでいる方の中にも、同じように思う方がいるのではないでしょうか？

私もそう思うことがありますが、私の答えは**「自分で決めたんだから仕方がない」**。イタリアに住むと決めたのは、他の誰でもない私自身なのですから。

悔しいことも、悲しいことも、空しいことも、数えだすとキリがありません。愚痴を言い出したら止まらない時もあります。でもそれは、内容は違うとしても、きっと日本に住んでいても、どこに住んでいても起こりうること。だから「もし違う場所に住んでいれば」は、隣の芝が青く見えているだけ。住む場所だけでなく、仕事や人間関係も同じで、自分で選ぶ、決める、ができれば、結果はどうあれ納得できます。

人生で大事なこと、住みたい場所は人によってさまざま。私にとっては、それはイタリアでした。縁があって家族をもったのだから、ここで楽しくやっていけるようにしたい。考えや状況が変わったら、またその時に決めればいいと思っています。

197　第6章　イタリアで見つけた気負わない生き方
どうせなら人生は楽しんだもの勝ち

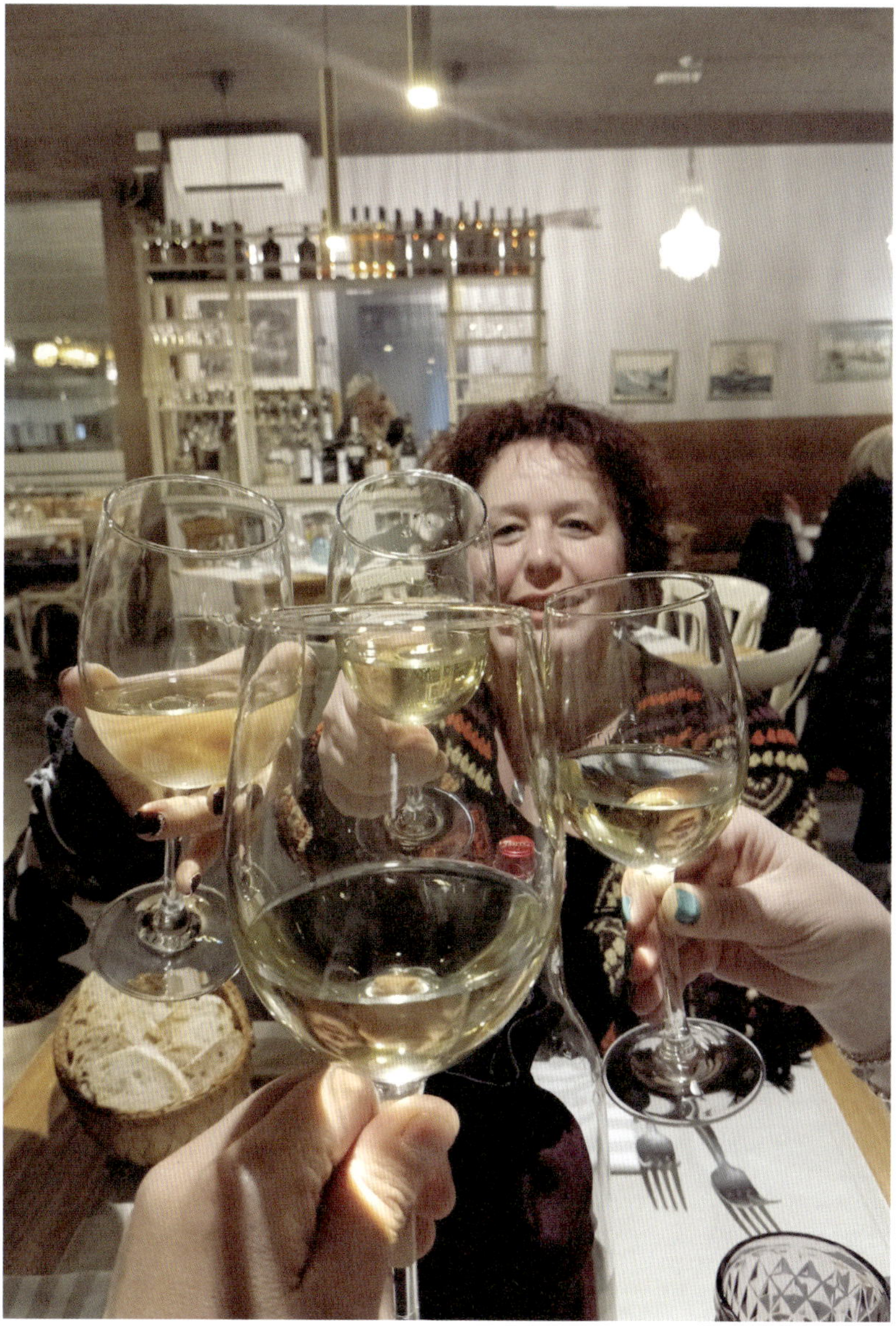

2

適当でも、完璧でなくても、行き当たりばったりでもいい

近年イタリアでは日本ブームで、友人やその友達でも日本旅行に行く人が大勢います。その皆が口をそろえて言うのが「何もかもが正確で完璧！」

イタリアは最悪、日本に住みたいよ！ とまで言う人も少なくありません。

「でもね、その完璧なサービスを行う側になってごらん？」、「仕事ではいつも完璧を求められるんだよ。ミスは許されないという環境で働き続けるんだよ」と言うと、誰もがすぐに冷静になり、「それは勘弁だな〜」と一気に考えを覆します。

それは、絶対的納期があり、校正を伴う仕事をしていた二五年前の私です。完璧な段取りでつつがなく行程通りに仕事を進め、**ミスをすれば一巻の終わり。最初の数年はストレスで胃に穴が開きそうで、通勤電車に揺られながら、このままどこかへ行ってしまいたい、と思うほどでした。**これはそういう仕事だから当然ではありますが、仕事でもプライベートでも、ちょっとしたあらゆることに対して完璧でなくてはいけない、人に迷惑をかけてはいけない、という感覚は今でも、日本に住む日本人なら誰でも持っているのではないでしょうか。

イタリアでは良くも悪くも、「完璧なことは存在しない」という前提がある気がします。

電車の遅延表示も最低五分から、つまり五分以下は遅延に入らず、定刻の範囲であること。工事現場やプロジェクトなどのスケジュールも、あくまでも目安です。

おつりだって、一〇セント以下は適当。足りなければおまけしてくれますが、逆にお店に小銭がないともらえなかったりもします。

約束の時間になってまだ家にいたとしても「Sto arrivando ＝今向かってるよ」という魔法の言葉で済ませられ、何かを忘れてしまった時の言い訳も「Mi è sfuggito ＝（その事柄が）私（の頭）から逃げちゃった」という言い回しを使うところに、不可抗力だった、そういうこともあるさ！という感覚がにじみ出ています。

最初はそれにイライラしていた私ですが、適度に合わせたほうが自分も楽なことに気づきました。

人間だからうまくいかないこともある。それは仕方がないし、その時々に考えればいい。なんなら予定を変更して結果オーライになることも多いし、その時の満足感のほうが大きいんじゃない？　そう思うと、一気に気が楽になります。

相手に寛容になると、自分も「完璧でなくてはいけない」呪縛から解放されました。

3

足りないものは補ってもらおう

物事が予定通りに進まないのに、なぜイタリアの社会は周っているのでしょうか？これだけ長くイタリアに住んでも、「イタリアン・マジック」と思う部分も大きいのですが、そのマジックが起こる要因の一つは、やはり助け合いの精神だと思います。

日本で生活している時、そしてイタリアに移住した当初は、頑張らないといけない、自分でなんとかしないといけない、そんな気持ちを持っていた私。それでもイタリア社会に溶け込むにつれ、どんどん力が抜けていきました。

あらゆることにゆるく、日本との考え方の違いに最初はびっくり、どちらかといえばネガティブな意味での驚きの連続でした。しかし時が経つにつれ、いい意味でのあきらめになり、私自身のゆとりにもなっていきました。

子どもが小さい頃、姑や夫に頼るのは当たり前。仕事や電車トラブルで学校のお迎えに行けない時やランチを準備できない時も、ママ友に頼るのが当たり前。妊婦やお年寄りに席を譲ったり、荷物を持ってあげたりするのも当たり前。

感謝の気持ちを伝えるのは当然ですが、自分が頼られる時は手助けするという前提があるから、気軽に助けてもらえます。困った時はお互いさま、普段ゆるいぶん、いざという時の団結力や成し遂げる力は目を見張るものがあります。

極端な例ですが、昔フィレンツェの市バスに乗っている時に、道路工事で運行順路変更を知らず通常の順路で走っていた運転手さんがいました。ある角を曲がると工事現場。乗客の何人かが「順路が変わったの知らなかったの?」と口々に言いますが、運転手は後方が見えない中で曲がりながらバックするのに必死です。

そこで「ドア開けて、私が見てあげるから」と一人が言うと、数人の乗客が降りオーライ、オーライ、と連係プレーで安全確認と運転指示を出してくれます。こうしてバスは無事に元の道に戻り、乗客から変更になった順路を教えてもらって走り出しました。日本ではクレームに成り兼ねないこんな出来事も、ほのぼのとした一件で終わったことに、ある種の衝撃を受けました。

助けてもらえることに胡坐《あぐら》をかいてはいけません。しかし**完璧さを求め、自己責任と突き放す社会より、互いが寛容でいられる社会のほうが穏やか**でいられます。

第6章 イタリアで見つけた気負わない生き方
どうせなら人生は楽しんだもの勝ち

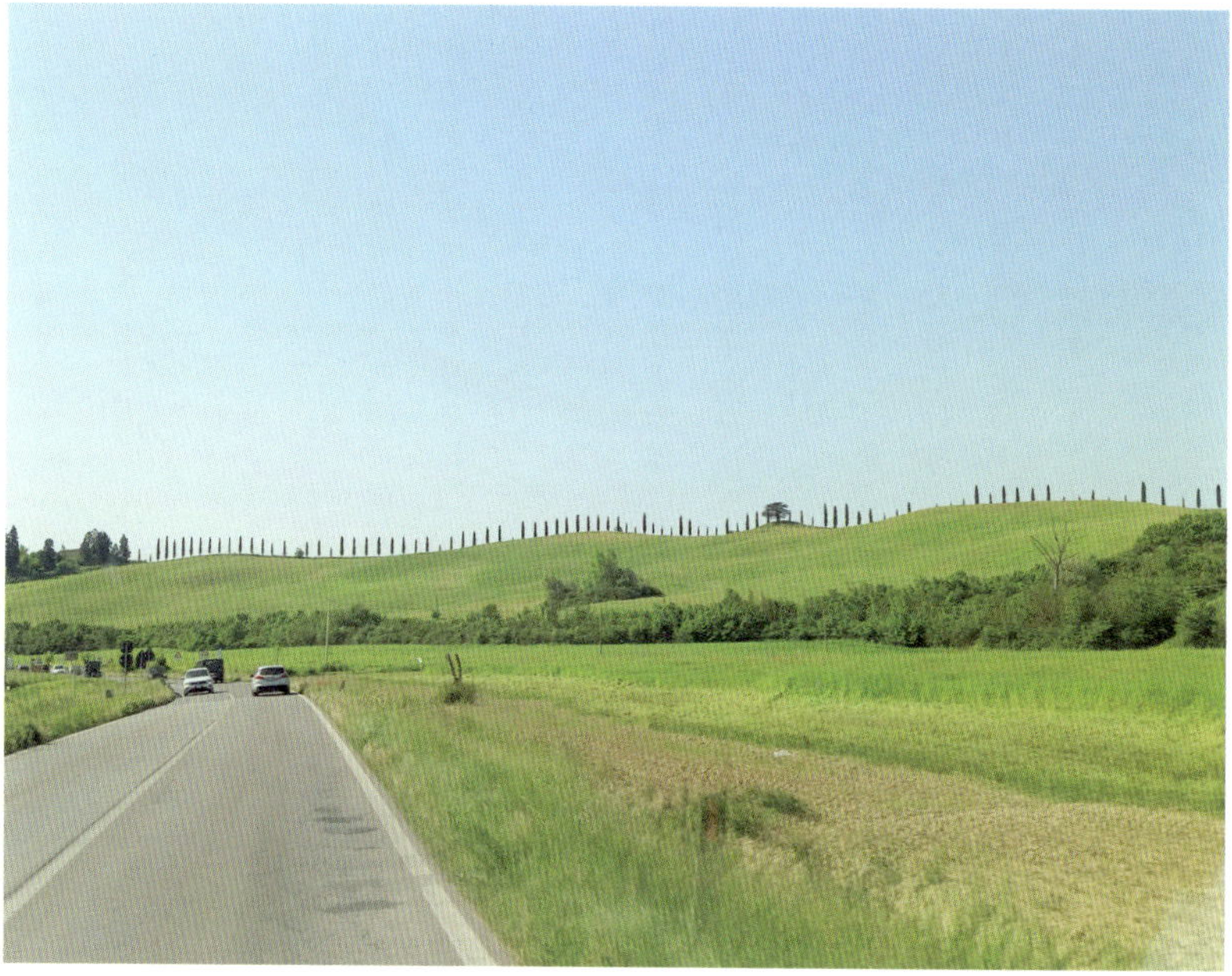

4

年齢も性別も体型も気にしなくていい

「いい年をして」「女のくせに」「また太ったんじゃない？」

これらは、私が日本にいた頃に家族や会社の人に言われた言葉です。二九歳になる年の春、仕事を辞めてイタリアに行くと決めた時の父親の言葉も「いい年をして結婚はどないすんねん！」でした。

これらの言葉は、イタリアではほとんど言われることがありません。

留学してすぐに自分の年齢を言う機会でも、言われるのは「二八なんて若い」「まだまだこれから」。クラスには八〇近いおじいちゃんや、バカンスがてら語学学校に学びに来ている主婦などさまざまな人がいて、嫌だと思いつつとらわれていた年齢や性別が、気にならなくなっていきました。シングルも、バツイチも、籍は入れずに子どもがいる人も、未婚のままパートナーと添い遂げる人も、同性愛者も。日本でありがちだった「三〇前に結婚」ルールなど、どこ吹く風です。

もう一つ驚いたのが、洋服のサイズ。男女を問わずふくよかな体型の人が多く、またお腹だけぽっこり出ていたり、若い頃から頭髪が薄い男性も珍しくありません。

しかし、全体的にナーバスになっている人は稀。腹が出ててもおしゃれは楽しむし、潔いスキンヘッドもなかなかカッコいいものです。

面白いのは、女性であることをネガティブな理由にはしないのに、**女性ならではの特権はしっかり、どんどん使うこと。**普段は質素な格好の人でも、祝いごとなど特別な機会にはバッチリおしゃれ、時にはセクシーな服装で女らしさをアピールします。

今は自粛気味のニュースキャスターやお天気お姉さんも、昔は胸の谷間が丸見えのボディコンシャスな服で登場し、日本から来たばかりの私は度肝を抜かれたものです。

レディファーストも当たり前。私の結婚披露宴はビュッフェ形式だったのですが、日本の男性陣は妻に料理を取り行かせるのに、イタリア人女性はテーブルでおしゃべりに花を咲かせ、男性がせっせと料理を運んであげていました。

三月八日の女性の日には、家庭のある女性でも夫や子どもを家において友達同士で夜にお出かけも……いやいやその日以外でも、適度に女友達と出かけます。家事も育児も、特に後者に関しては男性も協力的です。

育休も取れるし、公園などに連れて行くのはもちろん、子連れで買物をする男性も多く見かけます。だいたいがそうなので、「イクメン」という言葉も存在しません。

そんなイタリアに暮らし、もうすぐ四半世紀。気がつくと私も五〇歳を超えました。年を気にしないとはいえ、体力の衰えも感じるし、夏にビキニになるとワキ腹や二の腕のぜい肉にギョッとします。綺麗なグレーヘアを目指すけれど、目立ってきた額周りの白髪をどう処理するか悩みます。うっかり物忘れや料理で失敗したりすると、それなりに凹みます。息子たちとの会話で、ああいう言い方は良くなかったかな、と後で自問します。

でも格好悪いところも、ダメなところも、全部ひっくるめて今の私。良い子、良い妻、良い母など「こうあるべき」は捨て去って、自分を丸ごと認めてあげたい。それに何よりも、イタリア人はそれほど人のことを見てません。気にもしてません。

気にするほうが自意識過剰になっちゃうので、安心してありのままの自分でいられます。

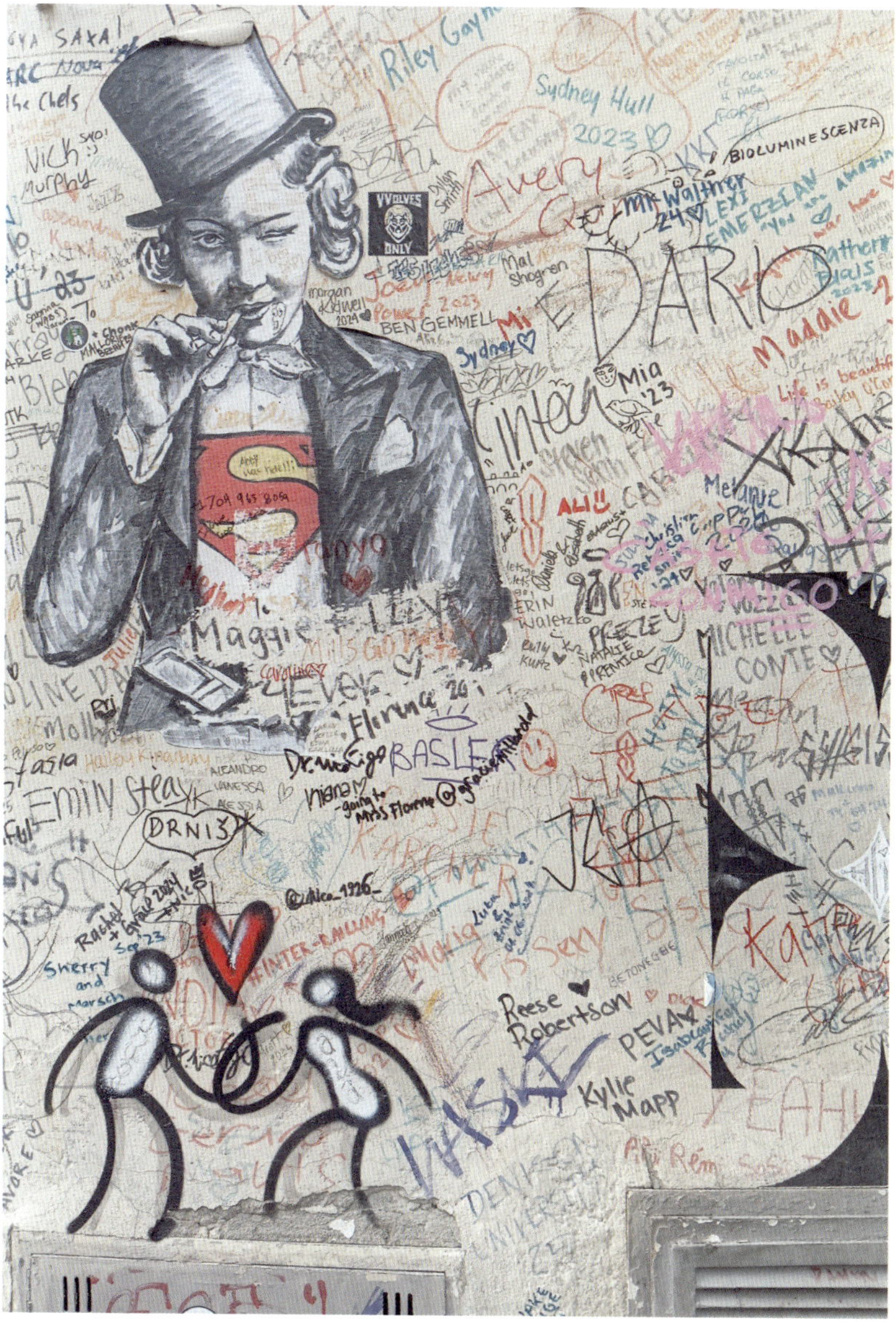
GYA SAXA!
Nick
Murphy
VVOLVES
ONLY
Sydney Hull
2023
BIOLUMINESCENZA
Avery
DARIO
BEN GEMMELL
Sydney
Mia
'23
Maddie
Maggie
ALI!!
Melanie
MICHELLE
CONTE
ERIN
NATALIE
BASLE
DRNI3
Reese
Robertson
Kylie
Mapp
PEVA
Sherry
and

5

嫌なことは無の境地で乗り越えよう

感情のアップダウンが激しいと、とっても疲れますよね。

嬉しい！　楽しい！　というポジティブな感情なら心地良い疲れになるのですが、怒り、悲しみ、憎しみのようなネガティブな感情は、人をどーっと疲れさせます。

移住してすぐの頃は、日本の価値観と自分の「正義」から、それに合わないものに関してイライラしたり、怒ったり、でもどうしようもなくて空しくなったり。一日中そのことばかり考えては、そんな感情がよみがえります。


なんでそうなるの？　なんでわかってくれないの？　私は正しいのに！


でもそんなことを言っても、どうにもならないことがほとんど。イタリアではイタリアのやり方があり、相手は良くも悪くもまったく気にしていません。

どれだけ自分の正当性を主張しても「のれんに腕押し」なことばかり。

負の感情でエネルギーが消耗して疲れ果て、それを繰り返すと、ストレスがたまるいっぽうです。

結局、私ばかりが損をする。

それでは自分自身を守るために、どうすればいいのでしょう。

それは、**ネガティブな感情になる前にさっさと忘れてしまう**ことです。

移民局でひどい対応にあっても、真顔でただただ流す。いい加減な人にあたっても、正論で受け答えはしても、感情的にはならずに淡々と処理する。クレーム案件にあたっても、それを申し立てる手間ややり取りが面倒くさそうな時は、なかったことにしてやり過ごす……。

場合によってはどうしても忘れられない、見過ごすべきでないこともありますが、こっちが怒っても泣いても騒ぎ立てても、どうにもならないこともある。ますますしんどくなる時もある。それで精神を削らされるほうがもったいない！　そんなことにかかわること自体が時間の無駄！

そう思えることとは、無の境地で乗り越えたほうが身のためなのです。

最初のうちは、意識してひと呼吸しないとネガティブな感情を抑えられないことがほとんどでした。しかし、慣れてくると自然に「無の境地モード」にスイッチが入り、心に能面をかけられるようになりました。

「キレるモード」にカチッと入ってしまう時もありますが、それはそれでご愛敬。直感的に耐えきれない、キレないとやってられない時は、キレてキレてキレまくります。夫や友人に愚痴ったり、ブログのネタにして発散したりもします。

解決してもしなくても、気が済んだら、もしくは疲れ切ってしまったら、あとはもう忘れてしまうしかありません。

自分がしんどくならないように、うまく流していきましょ。

6

楽しさや嬉しさにフォーカスする

毎日は誰にでも平等にやってきます。自分がどういう状況でも、どういう気持ちでも、同じ時間を生きなくてはいけません。日本にいても、イタリアにいても、どこにいたとしても。

だったら、**やっぱり楽しいほうがいいですよね？**

とはいえ、日本にいた頃はもちろん、住み慣れたイタリアでも毎日いろんなことが起こります。それでも嫌なことはできるだけ忘れるのと同時に、楽しい、嬉しい、美味しい、なんでもいいのですが、ポジティブなことにフォーカスするだけで、毎日を気持ち良く過ごせます。

今日は天気が良くて気持ちいいな、とテラスでぼーっとしたり、庭に出てみたり。散歩に出て風景を愛でてみたり。道端で見つけた野生の花の美しさや、お母さん鴨の後ろに並ぶ小鴨の列にほっこりしたり。

村を歩いていて顔見知りの赤ちゃんの成長にニヤニヤしたり、美味しいチーズを買い、つまみ食いして一人美味しさに悶絶したり。新しいメニューが思いのほか家族に好評で、あっという間になくなって小さなガッツポーズをしたり。

自分へのご褒美と称して、久しぶりに美術館へ行ったり、お気に入りのカフェに行ったり。日本人友とランチして近況報告やイタリア生活の愚痴で発散したり。

苦労したアポ取りがパズルのようにうまくハマったり、イタリア人から予期もせず早くメールが返ってきたり。いろんな用事や交通機関の乗り換えがあるのにもかかわらず、すべてが順調にいって時間通りに帰れたり。

毎日が楽しいことや嬉しいことだらけではないし、イラついたりムカついたりすることもあります。だからこそ、ささやかなことに喜びを見出したい。

その**小さな喜びに気づいたら、ちょっとそこにとどまっていたい。それだけで平凡な日も良い日になるし、嫌なことも忘れやすくなる気がします。**

大学の卒業旅行で初めてイタリアに来た時、イタリアはなんだか人が面白い、一度でいいから住んでみたい、と思った私。しかし実際に住んでみると、期待通りのことばかりではありませんでした。それどころか、好きで来たにもかかわらず、リアルなイアリア生活は大変なことばかりでした。

起こること自体は、イタリアに住むイタリア人にとっても同じこと。なのに彼らは、時には寛容に受け止め、時には何事もなかったように上手に身をかわし、時には家族や友達に癒されながら、**やっぱりなんだか楽しそうに生きている**のです。

そんな彼らを見ながら何年も過ごしていると、良い意味で私もどうやらイタリア人化しているようです。

なんてったって、私も人生の折り返し地点を過ぎました。これから先も何があるかわからないけれど、好きなこと、楽しいこと、嬉しいことで毎日を満たしていきたいと思っています。

215　第6章　イタリアで見つけた気負わない生き方

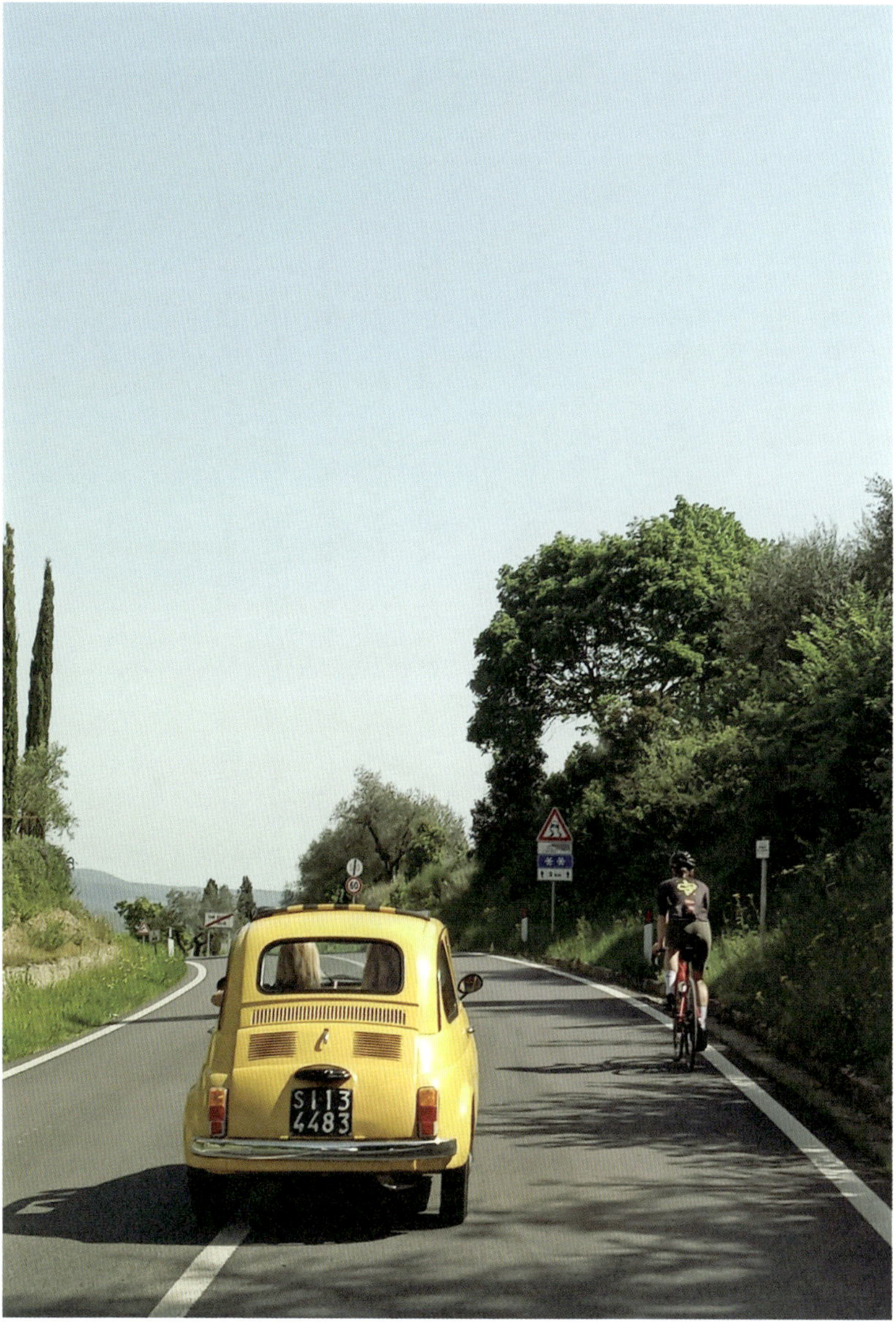

おわりに

なんだかんだ言っても楽しい毎日

「日本は住みやすいけど生きづらい。外国は住みにくいけど生きやすい」

これは先日、SNSで見た投稿です。皆さんはどう思われますか？

私は生きづらさを感じてイタリアへ行った身なので、共感しないでもありません。

しかしイタリアが生きやすいか？と問われると、万人がそうではないと思います。

移住した当初に日本の友人たちから言われたのは、住みやすさでも生きやすさでもなく、「イタリアに住むなんて素敵！かっこいい！」でした。しかし実際のイタリア生活は、不便でトラブルだらけ。かっこいいことなんて、一つもありません。

それでもこうして今も、それなりに楽しくイタリアで暮らせているのは、なんだかんだ言ってもイタリアが好きで、愛着を持ってしまっているから。こんなにダメダメなことが多くても、いくら裏切られても、どうしても憎めない、どうしても嫌いになれない。私にとって「出来の悪い息子」のようなものなのでしょう。

このあとがきを書いているのは、ミラノ出張からの帰りの電車の中。

今日は交通機関やアポのトラブルは一切なかったものの、失礼極まりないタクシーの運転手に当たってしまいました。ド直球の嫌味を言って降りたものの、気分は良くありません。しかし、お願いしたものは完璧だったし、ランチに食べたピッツァはとっても美味しい。仕事づきあいのある女性との再会では、「チャーオ、元気だった？」と交わす熱いハグとまぶしい笑顔。それで嫌な出来事は、すっかり吹き飛んでしまいました。

そう言えば、行きの電車の男性係員も素敵な人でした。私の次の外国人がサービスのお菓子の箱を受け取ると、「Mi piace!（これ好きです）」と嬉しそうに拙いイタリア語で彼に言いました。日本だときっと「よかったです」「ありがとうございます」と返すであろうその場面で、彼はにっこり笑い、ゆっくりと「Anche a me!（僕も好きです）」と答えたのです。こんな何気ない、〝イタリアらしさ〟に心が和みます。

皆さんがどこに暮らしていても、毎日を心軽やかに過ごせますように！

中山久美子

イタリア流《りゅう》。
世界一、人生を楽しそうに生きている人たちの流儀

2025年2月28日　初版発行

著　者……中山久美子《なかやまくみこ》
発行者……塚田太郎
発行所……株式会社大和出版
東京都文京区音羽1-26-11　〒112-0013
電話　営業部03-5978-8121／編集部03-5978-8131
https://daiwashuppan.com
印刷所／製本所……日経印刷株式会社
装幀者……上坊菜々子

ISBN978-4-8047-0626-9